L'ESSENTIEL
DE L'ASSURANCE VIE

Constant Yao DJEKET

L'ESSENTIEL DE L'ASSURANCE VIE

Préface de Jean Kacou DIAGOU

Président du-groupe NSIA Banque/Assurance

Postface de Rose Kayi MIVEDOR-SAMBIANI

Ministre du Commerce, de l'Artisanat et de la Consommation locale du Togo

L'Harmattan Sénégal

10 VDN, Sicap Amitié 3, Lotissement Cité Police, DAKAR
direction@senharmattan.com / commandes@senharmattan.com
ISBN : 978-2-336-52320-0
EAN: 9782336523200

Sommaire

Dédicace

À mon épouse, Jelissa OUYI DJEKET, ainsi qu'à nos chères filles Ella, Naima et Sassy, qui incarnent une source inestimable de joie et d'inspiration.

Votre soutien indéfectible, votre compréhension et votre engagement à mes côtés, notamment lors de nos expatriations en Guinée, au Mali et au Togo, ont été des atouts inestimables dans mon parcours. Votre patience et vos encouragements ont renforcé chacune de mes décisions. Je vous en suis profondément reconnaissant

À mes mentors, en particulier Monsieur Jean Kacou DIAGOU, Monsieur Joseph Yapo MANCAMBOU, dont le professionnalisme et la vision éclairée ont été des phares dans ma carrière et dans mon évolution professionnelle.

Vos enseignements continuent de guider mes actions et ma trajectoire. Toute ma reconnaissance, chers ainés.

À mon jeune frère Ibrahima Théo LAM, un immense merci pour son accompagnement précieux et son soutien multiforme tout au long de l'écriture de ce livre. Son aide inestimable a été une véritable source d'enrichissement.

Aux équipes exceptionnelles avec lesquelles j'ai eu le privilège de travailler tout au long de ces années. Votre dévouement et votre engagement ont été la clé de nos succès collectifs.

À tous ceux qui aspirent à comprendre les arcanes complexes du monde des assurances, ce livre vous est dédié. Qu'il serve de guide et d'inspiration à ceux qui, comme moi, ont traversé les méandres de cette industrie passionnante.

Enfin, à tous les lecteurs, je vous invite à explorer les pages de ce livre avec curiosité. Puissent les leçons tirées de mes expériences enrichir votre compréhension de l'assurance vie et vous inspirer dans vos propres parcours et vos choix de vie.

Note sur l'auteur

Monsieur Constant Yao DJEKET, figure du monde des assurances en Afrique, se distingue par une carrière exceptionnelle s'étalant sur plus de 25 ans d'expertise avérée. Originaire de la Côte d'Ivoire, il a fait ses premiers pas en tant qu'élève et étudiant à Toumodi, Daoukro, et à l'université d'Abidjan. Après une licence en mathématiques, il intègre par voie de concours la prestigieuse École supérieure des sciences économiques et commerciales (ESSEC), en France. Après son diplôme de fin d'études supérieures à l'ESSEC, Monsieur DJEKET a poursuivi au Conservatoire national des arts et métiers (CNAM) un cursus en économie, option Actuariat.

Sur le plan professionnel, Monsieur Constant Yao DJEKET a exercé des responsabilités de premier plan dans plusieurs pays, capitalisant ainsi des expériences professionnelles approfondies et des vécus enrichissants dans l'industrie des assurances en France et en Afrique.

Les débuts de Monsieur Constant Yao DJEKET remontent en France, où il a commencé sa carrière en tant que chargé d'études actuarielles chez PFA, au sein du groupe Athéna Assurances. Cette première immersion dans le domaine l'a familiarisé avec les intrications analytiques du secteur des assurances. Son parcours a pris une nouvelle dimension avec le rachat de PFA par AGF, intégrée ultérieurement au prestigieux groupe Allianz. En tant que contrôleur de gestion et auditeur interne du groupe Allianz, Monsieur Constant Yao DJEKET a perfectionné ses compétences en gestion et en contrôle des opérations, étoffant ainsi son bagage professionnel dans les fonctions de management et d'encadrement.

Après 6 ans d'expérience en France, Monsieur DJEKET regagne son pays, la Côte d'Ivoire, où il exerce en tant que directeur des Opérations à la Loyale Vie Assurances avant de rejoindre le groupe NSIA en tant que directeur général de sa filiale en Guinée, en création. Sa carrière se poursuit toujours au sein du groupe NSIA au Mali, puis au Togo, où il est responsable des filiales d'assurances.

Préface

C'est avec un immense plaisir que je m'adresse à vous, chers lecteurs, pour introduire cet ouvrage captivant sur un sujet essentiel, complexe et passionnant : l'assurance vie. Lorsque j'ai été approché par mon jeune frère Constant Yao DJEKET pour contribuer à cette œuvre à travers cette préface, il m'a semblé évident que nous allions explorer un domaine fondamental qui transcende les sphères de l'économie personnelle, de la prévoyance familiale et du développement socio-économique de l'Afrique.

Je me réjouis de cette contribution intellectuelle qui symbolise l'enrichissement de mon engagement personnel pour une promotion effective de l'industrie des assurances en Afrique. Depuis une cinquantaine d'années, je m'efforce d'apporter chaque jour plus de protection et de financement, permettant ainsi à une grande partie de nos populations de croire en un avenir meilleur. Des progrès importants ont été réalisés, mais la marge de croissance de l'assurance dans nos sociétés et dans l'économie de nos pays reste importante.

L'assurance vie, bien plus qu'une simple branche des assurances, représente un pilier central dans la construction de notre avenir financier et dans la préservation de notre bien-être. Cet ouvrage, méticuleusement rédigé par Constant Yao DJEKET, un spécialiste du domaine, aborde avec finesse et profondeur les multiples facettes de l'assurance vie, allant de son rôle d'outil d'épargne à son impact sur les entreprises et le développement économique de notre continent.

En tant que président d'un groupe de compagnies d'assurances et de banques panafricain, je suis intimement conscient de l'importance cruciale de l'assurance vie dans la consolidation d'une épargne durable, dans la protection des familles face aux imprévus et dans le soutien aux entreprises dans leur quête de pérennité.

Constant nous guide à travers ces domaines avec une clarté exceptionnelle, fournissant une analyse approfondie et des perspectives clairvoyantes.

L'assurance vie, en tant que vecteur de développement économique, est une facette souvent sous-estimée. Mon jeune frère Constant explore les implications du financement extérieur, la dépendance actuelle de nos pays vis-à-vis des bailleurs de fonds et propose des solutions innovantes à travers l'épargne interne. La fiscalité, les assureurs, les collecteurs d'épargne et les investisseurs institutionnels sont examinés avec rigueur, en mettant en lumière leur rôle déterminant dans ce processus.

La transmission de patrimoine, un aspect souvent négligé, est présentée comme une dimension incontournable de l'assurance vie. Comment assurer une transition en douceur, minimiser les implications fiscales et garantir la sécurité financière des générations futures, voilà autant de questions abordées avec méthode dans les pages de ce livre.

Enfin, le rôle de l'assurance vie dans le monde des entreprises est dévoilé sous différents angles. De la gestion du capital humain à l'optimisation fiscale, en passant par la gestion de trésorerie et la survie des entreprises, chaque aspect est décortiqué pour fournir une vision complète et éclairante.

Il est indéniable que cet ouvrage offre une contribution précieuse à la compréhension de l'assurance vie dans tous ses aspects. Constant Yao DJEKET a réussi à rendre accessible un sujet parfois technique tout en maintenant un niveau de sophistication nécessaire pour appréhender la complexité de cette industrie.

Je vous invite donc à plonger dans les pages qui suivent, à explorer les multiples dimensions de l'assurance vie et à tirer profit des connaissances approfondies présentées ici. Je suis convaincu que cet ouvrage enrichira votre compréhension de l'assurance vie et suscitera des réflexions importantes sur son rôle dans notre vie quotidienne et dans la construction d'un avenir financier solide pour nous tous.

Jean Kacou DIAGOU

Président du groupe NSIA Banque/Assurance

Avant-propos

Aujourd'hui, je tiens à m'adresser à vous non seulement en tant qu'acteur des assurances depuis plus d'un quart de siècle, mais également en qualité d'apprentis auteur engagé, désireux de partager un message de cœur qui va bien au-delà de la compréhension technique de l'assurance vie. À travers cette nouvelle casquette, je vous présente les raisons profondes qui ont allumé la flamme de l'écriture de ce livre sur l'assurance vie.

Imaginez-vous dans le rôle d'un jeune étudiant dans le domaine des assurances, peinant à naviguer dans les méandres de ce secteur. Cette scène, que j'ai déjà vécue à mes débuts, m'a confronté à des contrats obscurs, des termes complexes et une montagne d'informations qui semblait insurmontable. C'est cette expérience initiale qui a été la première étincelle de ma détermination à contribuer à rendre l'assurance vie accessible à tous, en écrivant ce livre.

En tant que professionnel de l'assurance, j'ai été témoin des histoires poignantes qui se cachent derrière chaque contrat. L'histoire de cette famille qui a trouvé la stabilité financière dans les moments difficiles grâce à une planification prudente, ou celle de l'entrepreneur dont l'héritage a été préservé grâce à des choix éclairés. Ces récits ont éveillé en moi un désir ardent de partager ces leçons de vie, afin que chacun puisse prendre des décisions éclairées pour son avenir financier.

Lorsque j'ai vu des entrepreneurs, des chefs d'entreprise, des étudiants et des familles être confrontés à des choix cruciaux, j'ai compris que l'assurance vie n'était pas simplement un produit financier, mais une pièce maîtresse dans le puzzle complexe de notre existence. C'est cette compréhension qui a renforcé ma conviction que ce livre est plus qu'une simple exposition de faits ; c'est un guide pratique, une boussole dans le monde financier parfois tumultueux.

Enfin, en écrivant sur le rôle de l'assurance vie dans la société africaine, je cherche à souligner son importance dans le tissu social. Lorsque je vois des associations bénéficier de dons inestimables grâce à des contrats bien pensés, ou des entrepreneurs trouver une sécurité financière pour investir dans l'avenir, je suis inspiré pour partager ces histoires qui vont au-delà des chiffres.

Chers lecteurs et acteurs de la vie financière,

Je vous invite à faire ce voyage avec moi. Cette première expérience n'est pas simplement un condensé d'histoires et de faits marquants, mais une invitation à repenser notre relation à l'argent, à planifier l'avenir avec confiance, et à reconnaître le rôle essentiel de l'assurance vie dans notre société.

Ensemble, nous pouvons éclairer le chemin vers un avenir économique et financier plus sûr et plus éclairé pour chacun d'entre nous.

Chacune de nos actions trouve sa source profonde dans des motivations liées à notre personnalité, notre parcours de vie et notre brûlant désir d'apporter une forte valeur à notre société.

En tant qu'acteur des assurances depuis plus de 25 ans, mon expérience est précieuse et s'offre comme une lanterne pour éclairer l'opinion autour des sujets liés à mon domaine. Ce livre est donc une plateforme pour partager des connaissances approfondies et des observations du secteur. C'est aussi une manière de laisser un héritage intellectuel aux générations actuelles et futures à partir de nos connaissances et expériences.

L'assurance vie semble complexe pour de nombreuses personnes. Écrire un livre permet de simplifier ces concepts en offrant une éducation financière accessible aux étudiants, aux professionnels, aux familles, aux entreprises, aux États, et à d'autres groupes. De plus, en fournissant des conseils pratiques, des études de cas et des exemples concrets, ce livre pourrait être un guide utile pour ceux qui cherchent à comprendre l'assurance vie et à prendre des décisions objectives.

En abordant la relation entre assureurs et clients, je souhaite promouvoir la transparence et renforcer la confiance entre les deux parties.

En mettant en avant le rôle de l'assurance vie dans la société africaine, notamment son impact sur les familles, les associations, les entreprises et l'économie nationale, je voudrais contribuer à sensibiliser sur l'importance sociale de l'assurance vie.

En écrivant ce livre comme un guide citoyen, l'idée est de favoriser la responsabilité financière individuelle, tout en encourageant les populations africaines à prendre en main leur avenir financier. L'assurance vie s'adapte d'ailleurs aux changements sociaux, économiques et technologiques, offrant ainsi une perspective innovante.

De façon singulière, il convient de signaler que ce livre est un condensé de bonnes pratiques. C'est une façon de laisser une œuvre dans son domaine professionnel, en partageant son expertise d'une manière qui va au-delà du quotidien professionnel. Il permettra d'apporter une lumière à ceux qui méconnaissent les avantages de souscrire à une assurance vie. Il sert également à renforcer la confiance entre assureurs et assurés.

Ce support pourra servir de catalyseur pour des changements positifs dans la manière dont les individus et les entreprises abordent l'assurance vie, en les encourageant à prendre des décisions plus informées et prenant en compte les aléas de la vie.

Avant de partager mes réflexions sur ces sujets, permettez-moi d'expliquer les motivations de cette prise de parole.

Introduction générale

Lorsqu'on parle d'assurance vie, cela ne permet pas d'identifier de façon simple et unique des contrats d'assurance avec une finalité unique et bien déterminée.

Nous pensons que la meilleure façon de comprendre l'assurance vie est de préciser et détailler ses usages possibles. Les assurés des compagnies d'assurance vie poursuivent des objectifs qui sont de plusieurs ordres. Certains s'en servent comme outil pour épargner ou faire des placements, d'autres pour protéger financièrement leurs ayants droit bénéficiaires, d'autres encore pour aider à la bonne transmission de leur patrimoine ; les entreprises l'utilisent pour mieux gérer les avantages sociaux de leurs salariés, et enfin, les États comme moyen de collecte de l'épargne nécessaire au financement du développement économique.

L'assurance vie regroupe deux grandes branches : les contrats en cas de vie, qui comprennent des produits de type épargne-capitalisation, et les contrats en cas de décès, composés de produits de prévoyance. Les solutions d'assurance vie sont liées à la durée de la vie humaine et au principe de la capitalisation financière. Ainsi, à travers une utilisation des probabilités de décès ou de survie calculées à l'aide des tables de mortalité et du principe d'équivalence financière ou d'actualisation des flux financiers, les assureurs proposent des solutions de protection financière des familles et d'épargne.

Dans la zone CIMA (Conférence Interafricaine des Marchés d'Assurances), la part des contrats d'épargne dans le portefeuille des compagnies d'assurance est en général plus grande que la prévoyance.

La commercialisation des contrats en cas de décès est quasiment impossible dans certains milieux pour des raisons culturelles ou religieuses.

Aujourd'hui, effectivement, l'assurance vie est utilisée davantage comme solution d'épargne que comme outil de prévoyance. Dans cet ouvrage, nous allons nous atteler à présenter les différentes utilisations possibles de ce concept novateur. En premier lieu, comme il est difficile d'épargner dans notre zone, notamment à cause de la pression sociale, l'assurance vie est un outil adapté à la collecte de l'épargne individuelle, parce qu'elle permet aux assurés d'avoir une épargne un peu moins disponible qu'un compte d'épargne bancaire et donc, à moyen et long terme, de se constituer un patrimoine.

L'assurance vie demeure néanmoins un mécanisme de prévoyance, de protection financière des familles et de transmission de patrimoine en cas de décès du souscripteur, en mettant à la disposition des ayants droit bénéficiaires des ressources payées par l'assureur, soit pour financer des études, soit pour les obsèques, soit pour subvenir partiellement ou totalement aux besoins de la famille, soit pour payer les droits de succession permettant aux héritiers de bénéficier entièrement du patrimoine légué.

Ensuite, l'assurance vie est un moyen important pour les entreprises. Dans la gestion du capital humain de ces dernières, les avantages sociaux constituent un point essentiel. Les solutions d'assurance vie qui couvrent de façon générale la retraite, la prévoyance et la gestion des indemnités de fin de carrière sont de nature à fidéliser et à libérer les salariés de certaines préoccupations et à les rendre plus performants.

Enfin, l'assurance vie est un outil de développement qui, s'il est bien utilisé et promu, peut permettre aux États africains de disposer, à travers la collecte de l'épargne par les assureurs, des ressources nécessaires au financement des projets de développement. Dans ce cas, l'assureur vie a un rôle de collecteur d'épargne et d'investisseur institutionnel par l'acquisition des actions et obligations émises par les États, les collectivités et les entreprises, mais aussi à travers des placements immobiliers et des prises de participation dans des entreprises.

Partie I

Assurance vie : Généralités

I

Tour d'horizon de l'assurance vie

L'assurance vie peut être définie comme un contrat synallagmatique entre un individu ou une entreprise et une compagnie d'assurance. Dans ce contrat, l'assuré s'engage à payer des cotisations régulières, appelées primes, en échange d'une garantie de versement d'une somme d'argent, appelée prestation, en cas de sinistre. Cette définition simple souligne la nature protectrice de l'assurance vie, cependant, il convient d'admettre que cette définition est quelque peu réductrice.

L'assurance vie se distingue par sa capacité à intégrer des composantes de la politique de développement d'un pays, l'épargne et l'investissement, permettant aux souscripteurs de constituer une valeur financière au fil du temps. Cette valeur peut être utilisée de différentes manières, allant de l'accès aux fonds pour faire face à des dépenses inattendues à l'utilisation stratégique dans la planification successorale.

L'assurance vie est un instrument complexe composé de plusieurs éléments qui travaillent ensemble pour offrir une gamme de bénéfices à toute une communauté. Elle se démarque comme un instrument financier d'une richesse incontestable, qui va au-delà de sa fonction première de couverture en cas de décès. Son avantage principal réside dans la protection financière qu'elle offre en cas de disparition de l'assuré, garantissant une prestation souvent exempte d'impôts. Cette somme peut être mobilisée de diverses manières, que ce soit pour prendre en charge les funérailles, régler des dettes ou soutenir les personnes à charge.

Au-delà de cette fonction essentielle, l'assurance vie se transforme en un outil d'épargne à long terme. Les primes versées contribuent à la constitution d'une valeur en espèces à l'intérieur de la police, offrant ainsi une opportunité d'investissement avec des intérêts ou des rendements alignés sur les fluctuations du marché. Cette souplesse financière s'accompagne d'une flexibilité dans le paiement des primes, permettant aux souscripteurs d'ajuster les montants en fonction de l'évolution de leurs besoins.

Un aspect déterminant de l'assurance vie est son rôle dans la planification successorale. Elle se positionne comme un outil efficace pour organiser la transmission d'actifs aux héritiers, minimisant les conséquences fiscales et les frais de succession. Les avantages fiscaux sont un élément significatif, avec des prestations généralement à l'abri de l'imposition et des primes qui peuvent parfois être déduites.

Intégrée à une planification financière globale, l'assurance vie se révèle polyvalente. Elle peut être ajustée pour répondre à divers objectifs, qu'il s'agisse de financer l'éducation des enfants, de constituer un fonds d'urgence ou de concrétiser des projets à venir. Les polices d'assurance vie permanente ajoutent une dimension de stabilité, répondant ainsi à des besoins spécifiques tels que la protection du conjoint survivant ou la préservation du patrimoine familial.

En somme, l'assurance vie se positionne comme un instrument financier puissant, combinant protection, épargne et opportunités de croissance en une entité cohérente. Son adaptabilité en fait une solution sur mesure, s'alignant sur les besoins variés des citoyens d'un pays.

II

Clarification de quelques concepts

L'**assureur** est défini comme une entité qui, moyennant la prime ou la cotisation versée par l'assuré, offre une certitude et une sécurité d'assistance. Cette entité gère les fonds nécessaires pour faire face aux conséquences perturbatrices du hasard, communément appelées « sinistres ».

Quant à **l'assuré**, il s'agit de la personne physique ou morale sur laquelle repose une assurance. En d'autres termes, l'assuré est exposé au risque couvert, que ce soit au niveau de son patrimoine ou d'autres aspects de sa vie. La qualité d'assuré est spécifique et va au-delà des parties impliquées dans le contrat ainsi que des bénéficiaires. Bien que l'assuré puisse être celui qui souscrit lui-même un contrat d'assurance, il existe des situations où une distinction est faite entre l'assuré et le souscripteur du contrat.

La coassurance implique l'adhésion d'un assuré à plusieurs compagnies d'assurances pour garantir un même risque. Ce processus engage plusieurs assureurs qui, de manière collaborative, concluent une police avec l'assuré. La gestion du contrat et des éventuels sinistres est alors confiée à l'un des assureurs, appelé « compagnie apéritrice ».

La réassurance, d'autre part, est une opération par laquelle un assureur, demeurant seul responsable vis-à-vis de ses assurés pour les risques qu'il a accepté de couvrir, se protège à son tour auprès de tiers pour une partie significative de ces risques.

La prime, dans le contexte de l'assurance, représente le coût de cette assurance. Elle est subdivisée en trois parties distinctes : la prime pure ou technique, correspondant au coût probable du risque garanti ; la prime commerciale ou nette, qui inclut des charges pour couvrir divers frais inhérents au fonctionnement, tels que les frais de gestion et les commissions des intermédiaires ; enfin, la prime totale, englobant la prime commerciale ou nette ainsi que les taxes perçues par l'assureur pour le compte de l'État.

Le risque, défini comme la *probabilité de réalisation d'un événement futur et incertain*, constitue le cœur du contrat d'assurance. Dans ce contexte, il représente un préjudice ou un sinistre éventuel que les compagnies d'assurances s'engagent à garantir en échange du paiement d'une prime. Du point de vue de ses caractéristiques, un risque doit être aléatoire et se manifeste par une incertitude techniquement exprimée par la loi des grands nombres, tandis que la réalité du risque implique une possibilité effective de sa réalisation. En outre, le risque assuré doit être licite et le contrat ne doit pas porter atteinte à l'ordre public. Les critères de sélection des risques par l'assureur incluent la variation du risque en fonction de divers facteurs tels que la race, le sexe, la classe sociale, la profession, le mode d'habitation, la morale, le comportement, les mobiles de l'assuré et son état de santé.

III

Fondements de l'assurance vie

1. Principes fondamentaux

L'assurance vie, en tant que domaine complexe de la finance personnelle, repose sur des principes fondamentaux qui forment le socle de sa compréhension et de son utilisation judicieuse. Cette partie vise à éclairer les lecteurs sur ces principes et à démystifier les nuances entre assurance vie temporaire et permanente.

Comprendre les principes de base de l'assurance vie

1.1. Principe de risque et de protection

L'assurance vie repose sur la gestion du risque lié au décès ou à la survie de l'assuré. En échange du paiement d'une prime, la compagnie d'assurance s'engage à verser une prestation en cas de décès, offrant ainsi une protection financière à la famille et aux bénéficiaires désignés.

1.2. Principe de mutualisation du risque

L'assurance vie fonctionne sur le principe de mutualisation du risque, à laquelle un grand nombre d'assurés contribuent par le biais de primes. Cela permet de répartir le risque de façon équitable en assurant que ceux qui en ont besoin bénéficient d'une protection adéquate.

1.3. Principe de la prime

Les primes représentent le coût financier de la couverture d'assurance. Elles peuvent être payées de manière régulière (mensuelle, trimestrielle, annuelle) et sont basées sur des facteurs tels que l'âge, la santé et le montant de la prestation souhaitée.

1.4. Principe de la prestation de décès

La prestation de décès est le montant versé aux bénéficiaires désignés en cas de décès de l'assuré pendant la période couverte par le contrat d'assurance. Cette somme peut être utilisée pour remplir divers besoins tels que le règlement de dettes, le financement des études des enfants ou la protection du niveau de vie de la famille.

1.5. Principe de libre consentement

La participation à une police d'assurance vie est basée sur le libre consentement. Les individus souscrivent volontairement à une assurance vie, comprenant les termes et les conditions de la police. Ce principe garantit que chaque personne assure sa vie de manière informée et autonome.

1.6. Principe d'aléa

L'aléa est au cœur de l'assurance vie. Il fait référence à l'incertitude quant au moment du décès de l'assuré. L'assurance vie intervient pour atténuer les conséquences financières de cet événement incertain. C'est cet élément d'incertitude qui confère à ce type de contrat sa nature unique par rapport à d'autres formes d'investissement.

1.7. Principe de bonne foi

Les contrats d'assurance vie reposent sur le principe de bonne foi. Les assurés sont tenus de fournir des informations précises lors de la souscription du contrat et les compagnies d'assurance s'engagent à traiter les réclamations suivant l'équité et la transparence.

1.8. Principe de constance du risque

Lors de la souscription d'un contrat d'assurance vie, le niveau de risque est généralement constant pendant la durée du contrat. Les primes, calculées en fonction du risque au moment de la souscription, restent stables pour la période définie.

2. Les multiples facettes de l'univers des assurances

Les diverses branches de l'assurance peuvent être classifiées en deux catégories principales selon les obligations de l'assureur lors de l'exécution du contrat.

D'une part, il y a les assurances de dommages, et d'autre part, les assurances des personnes. Cette classification repose sur la nature des obligations de l'assureur en cas de sinistre.

Les assurances de dommages, également appelées « assurances à caractère indemnitaire », se basent sur le principe indemnitaire. Dans ce contexte, l'assureur indemnise l'assuré ou la victime des conséquences d'un sinistre. Il existe deux sous-ensembles au sein des assurances de dommages : les assurances de choses ou des biens et les assurances responsabilité civile ou de dette.

Les assurances de choses ou des biens visent à protéger le patrimoine de l'assuré en cas de perte matérielle. Elles couvrent des pertes telles que la perte de marchandise transportée, les dommages au corps d'un véhicule, le vol, ou d'autres dommages matériels.

Les assurances de responsabilité civile, quant à elles, prennent en charge les dommages causés par l'assuré à une tierce personne. Elles garantissent l'assuré contre les conséquences pécuniaires résultant de ses actions. Dans ce contexte, trois parties sont impliquées : l'assureur, l'assuré responsable et la personne tierce victime.

Il est important de souligner que dans les assurances de dommages, l'assuré ne peut recevoir une indemnité supérieure au montant du dommage subi, conformément au principe indemnitaire. Par exemple, dans le cas des assurances de responsabilité civile automobile, l'assuré peut être couvert pour les dommages causés à une tierce personne en cas d'accident. Il est à noter que la souscription à une assurance tout risque automobile combine souvent la couverture de la responsabilité civile et les dommages matériels, offrant une protection complète. Cependant, la majorité des automobilistes souscrivent généralement l'assurance de responsabilité civile, qui est obligatoire dans de nombreux pays.

2.1. Assurances des personnes ou forfaitaires

Les assurances de personnes, souvent désignées sous l'appellation d'assurances forfaitaires, se démarquent par leurs règlements de prestations forfaitaires, caractérisées par des montants préalablement établis dans la police d'assurance. Ces contrats offrent une couverture spécifique en ce qui concerne des risques directement liés à la vie de l'assuré, englobant des aspects tels que la vie, le décès, les accidents, les maladies et l'invalidité.

L'assurance vie entière ou décès représente un engagement sans limitation de durée, prévoyant le versement d'un capital ou d'une rente, indépendamment du moment où survient le décès de l'assuré. Cette forme d'assurance couvre une protection continue, garantissant ainsi une stabilité financière aux bénéficiaires, quelle que soit la période à laquelle le décès survient.

En revanche, l'assurance en cas de vie opère de manière conditionnelle, n'intervenant que si l'assuré est en vie à une date spécifiée dans le contrat. L'assureur s'engage à verser le capital ou la rente uniquement en cas de survie de l'assuré à l'échéance convenue, instaurant ainsi une obligation d'intervention liée à la réalisation du risque et en concurrence avec la somme préalablement versée par l'assuré.

Quant à l'assurance mixte, elle fusionne les caractéristiques de l'assurance en cas de décès et celles de l'assurance en cas de vie. Ce contrat offre la possibilité de verser la somme assurée soit aux héritiers désignés de l'assuré en cas de décès dans un délai spécifié, soit directement à l'assuré lui-même s'il survit au-delà de cette période. Cette combinaison d'éléments offre une flexibilité unique, s'adaptant aux besoins réels de chaque personne assurée.

En conclusion, les assurances de personnes ou forfaitaires se positionnent comme des instruments financiers spécialisés, donnant une protection ciblée sur les aspects cruciaux de la vie individuelle. Que ce soit pour garantir la sécurité financière des proches en cas d'invalidité ou pour assurer des prestations en cas de survie à des échéances prédéterminées, ces contrats sont minutieusement conçus pour répondre aux besoins particuliers et évolutifs de chaque assuré.

2.2. Assurances collectives ou de groupe

Les assurances collectives sont souscrites par la personne morale que constitue le groupe pour assurer ses membres qui doivent avoir un lien de même nature, par exemple l'appartenance au groupe.

Partie II

Assurance vie, outil d'épargne

I

Introduction

Dans la plupart des pays développés, l'assurance vie a émergé comme un instrument d'épargne privilégié, offrant une solution polyvalente pour répondre aux besoins financiers futurs. Contrairement à une simple assurance destinée à couvrir les risques du quotidien, l'assurance vie se positionne également comme une opportunité d'investissement permettant au souscripteur de constituer et de développer une épargne en vue de répondre à divers besoins évolutifs. Cette forme d'opération financière offre une flexibilité rare, car elle permet aux assurés de planifier, d'anticiper, de se protéger contre les risques et de réaliser divers projets.

Souscrire à un contrat d'assurance vie représente davantage qu'une simple mise de côté d'argent. C'est une démarche proactive visant à se prémunir contre les aléas de la vie et à créer un socle financier pour l'avenir. Que ce soit pour financer des projets personnels, anticiper la retraite, préparer l'éducation des enfants, ou faciliter la transmission de patrimoine, l'assurance vie se présente comme une solution globale qui s'adapte aux besoins variés des ménages.

Les motivations qui incitent les populations à opter pour ce modèle d'assurance sont aussi diverses que les opportunités qu'elle offre. Se prémunir contre les risques de la vie constitue une préoccupation majeure, garantissant une sécurité face aux imprévus tels que les accidents, par exemple. L'assurance vie devient également un outil stratégique pour financer des acquisitions importantes, telles que l'achat d'un bien immobilier, tout en offrant la flexibilité nécessaire pour préparer la retraite. Elle devient un socle financier pour l'éducation des enfants et le financement de projets entrepreneuriaux, démontrant ainsi sa polyvalence incontestable.

Dans cette partie du livre – l'assurance vie en tant qu'outil d'épargne –, notre exploration se divise en trois axes principaux qui jetteront la lumière sur la richesse de cette pratique innovante.

Tout d'abord, nous examinerons de près la définition de l'assurance et son historique, la définition de l'épargne dans le contexte de l'assurance vie, en soulignant comment cette démarche va au-delà d'une sécurité financière. Ensuite, nous nous pencherons sur la déclinaison des différents types d'assurance envisageables avec l'assurance vie, exploitant ainsi les multiples dimensions de cette solution polyvalente. Enfin, pour illustrer concrètement ces concepts, nous nous plongerons dans des cas pratiques en mettant en lumière des histoires où l'assurance vie a été un pilier primordial face à des événements tragiques.

Ces trois axes de discussion permettront une compréhension globale de l'assurance vie en tant qu'instrument d'épargne, révélant ses nuances, sa flexibilité et son impact réel dans le quotidien des citoyens africains.

II

L'assurance vie, qu'est-ce que c'est ?

1. Définition

L'assurance vie, une composante essentielle du paysage financier, transcende sa simple fonction de garantie contre les risques pour devenir un outil puissant d'épargne. Pour comprendre pleinement son rôle dans la planification des affaires, il est impératif de situer notre propos dans deux aspects clés : la définition de l'assurance vie et son contexte historique et évolutif.

L'assurance vie, dans son essence, est un contrat entre un individu ou une société et une compagnie d'assurance. Ce contrat garantit le versement d'une somme d'argent, appelée prestation, si le risque mentionné dans le contrat se produit. Cependant, ce qui distingue l'assurance vie en tant qu'outil d'épargne est la création d'une valeur en espèces interne à la police. Les primes périodiques versées par l'assuré ne servent pas seulement à assurer sa protection, mais également à constituer un fonds d'épargne susceptible d'être investi dans des projets.

Ainsi, l'assurance vie devient un mécanisme unique, alliant sécurité et opportunité de croissance financière.

L'assurance vie dans le contexte africain se distingue comme un mécanisme financier essentiel qui s'engage à assurer la protection et la sécurité financière des ménages et de leurs familles face aux risques inhérents à la vie. Au-delà de cette fonction protectrice, elle se positionne également comme un mécanisme d'épargne et de croissance financière à long terme, adapté aux spécificités économiques, sociales et culturelles propres au continent africain.

Dans ce cadre, l'assurance vie revêt plusieurs rôles cruciaux. Tout d'abord, elle offre une protection familiale inestimable en garantissant une sécurité financière aux bénéficiaires désignés en cas de décès de l'assuré. Cette dimension sert de filet de sécurité, permettant à la famille de faire face aux dépenses liées à la perte d'un être cher, tout en préservant sa stabilité financière.

Par ailleurs, l'assurance vie en Afrique se présente comme un moyen d'épargne à long terme, les primes versées contribuant à la constitution d'une valeur en espèces ou d'une réserve d'épargne interne. Cette approche offre aux assurés la possibilité de concrétiser des projets futurs, de répondre à des besoins financiers spécifiques ou de faire face à des situations imprévues.

Certains produits d'assurance vie en Afrique sont également adaptés pour financer l'éducation des enfants, assurer une transmission de patrimoine ou faciliter la succession. Cette personnalisation des produits d'assurance s'aligne sur les aspirations et les valeurs familiales africaines, renforçant ainsi leur pertinence et leur utilité.

Outre la protection en cas de décès, l'assurance vie en Afrique peut offrir une couverture contre d'autres risques tels que les accidents, les maladies graves ou l'invalidité. Cette diversification des avantages contribue à renforcer la résilience financière des assurés en les protégeant contre les aléas de la vie.

Enfin, l'adoption croissante de l'innovation technologique par certaines compagnies d'assurance en Afrique, notamment à travers l'utilisation de plateformes numériques, rend les produits d'assurance vie plus accessibles, particulièrement dans les zones rurales, favorisant ainsi une inclusion financière plus étendue.

Ainsi, la définition de l'assurance vie dans le contexte africain met en lumière son rôle crucial en tant qu'outil polyvalent, combinant protection, épargne et opportunités de croissance pour répondre aux multiples besoins de la population sur le continent. Les adaptations spécifiques apportées aux produits témoignent de la multiplicité des situations économiques et culturelles présentes en Afrique, soulignant l'importance de cette composante dans le paysage de l'industrie des assurances.

2. Historique de l'assurance vie

L'assurance vie trouve ses origines au milieu du 17e siècle avec Lorenzo Tonti, un financier italien[(1)]. En 1652, il a proposé une forme primitive d'assurance vie, connue sous le nom de tontine [(1)]. Cette idée a été soutenue par le cardinal Mazarin et consistait à regrouper des fonds de plusieurs personnes pour une durée déterminée[(1)]. À la fin de cette période, le capital constitué était réparti entre les survivants[(1)].

En 1787, la Compagnie Royale d'Assurance-Vie a été fondée en France, marquant un tournant majeur(1). Cependant, ce n'est qu'en 1818 que l'assurance vie a été officiellement autorisée par un arrêt du Conseil d'État(1).

L'assurance vie a évolué au fil des siècles pour devenir un produit d'épargne moderne et performant, offrant des avantages fiscaux et une sécurité financière aux souscripteurs.

Source : *Historique assurance vie : tout savoir - Meilleur taux Placement.*

Au cours des siècles suivants, l'assurance vie a évolué pour devenir un instrument financier sophistiqué. Au XIXe siècle, les polices d'assurance vie permanentes ont été introduites, offrant une couverture à vie et la possibilité d'accumuler une valeur en espèces, surtout dans les pays développés. Le XXe siècle marque l'expansion de l'assurance vie avec l'introduction de produits diversifiés, répondant à des besoins personnalisés tels que l'investissement, la retraite et la planification successorale.

Aujourd'hui, l'assurance vie continue d'évoluer à l'ère numérique, avec des innovations telles que l'assurance vie universelle, offrant une flexibilité et des opportunités d'investissement accrues. Son histoire illustre non seulement son adaptation continue aux défis économiques et sociaux, mais aussi son rôle croissant en tant qu'outil d'épargne au service des besoins financiers modernes.

L'histoire de l'assurance vie en Afrique est étroitement liée à l'évolution des marchés financiers et à l'influence des entreprises étrangères d'assurance opérant sur le continent. L'introduction de l'assurance vie en Afrique remonte à la période coloniale, où les compagnies d'assurance européennes ont commencé à opérer sur le continent pour couvrir les Européens résidant dans les colonies. Ces premières opérations étaient souvent limitées aux populations de nationalité européenne, excluant largement les populations autochtones. Avec les mouvements d'indépendance dans les années 1950 et 1960, de nombreux pays africains ont accédé à l'indépendance politique. Cette période a également vu l'émergence de compagnies d'assurance locales, souvent sous la forme d'entreprises d'État, visant à étendre les services d'assurance à la population.

Remarque : il faut préciser également que la société africaine est caractérisée par des modèles de compensation financière et des formes de solidarité qui ressemblent aux mécanismes de prévoyance collective. Ainsi, des membres d'une communauté se réunissent autour d'un idéal pour mobiliser des fonds afin de renforcer leur équilibre social et leur bien-être. C'est un mécanisme de responsabilité mutuelle qui incite à l'entraide et à la solidarité dans les événements courants de la vie. C'est pratiquement une forme d'assurance vie, même si les possibilités d'étendre le réseau des bénéficiaires sont limitées.

À partir des années 1980 et 1990, de nombreux pays africains ont entrepris des réformes économiques, y compris la libéralisation des secteurs financiers, encourageant la concurrence et l'entrée de compagnies d'assurance privées étrangères. La croissance économique observée dans certaines régions africaines au cours des dernières décennies a contribué à l'augmentation du niveau de vie de la classe moyenne. L'urbanisation croissante et l'augmentation de la conscience financière ont stimulé la demande pour des produits d'assurance, y compris l'assurance vie.

L’essor de la technologie mobile en Afrique a également ouvert de nouvelles opportunités dans le secteur de l’assurance vie. Des entreprises utilisent des plateformes numériques pour rendre les produits d’assurance plus accessibles, en particulier dans les zones rurales. Malgré ces développements positifs, des défis subsistent, notamment la faible pénétration de l’assurance dans de nombreuses régions, la méfiance envers les assureurs, la nécessité d’une éducation financière accrue et l’ultime besoin de renforcer la confiance entre prospects, clients et sociétés d’assurances.

L’assurance vie en Afrique a évolué depuis son introduction pendant la période coloniale, passant par des phases de nationalisation et de libéralisation. La croissance économique et les changements démographiques récents ont contribué à une plus grande demande pour ces services, tandis que l’innovation technologique offre de nouvelles avenues pour étendre la portée de l’assurance vie sur le continent.

En comprenant la définition fondamentale de l’assurance vie et en explorant son riche contexte historique, il est pertinent d’analyser son rôle en tant qu’outil d’épargne dans notre vie moderne. En ce sens, il est crucial d’aborder les principes de l’assurance vie pour mieux appréhender les contours du concept.

3. Principes de l’assurance vie

L’assurance vie repose sur des bases essentielles qui définissent son rôle et son fonctionnement au sein de la planification financière. Tout d’abord, le principe de la protection financière est au cœur de ce modèle d’assurance. Il garantit une sécurité financière versée à l'assuré ou aux bénéficiaires désignés par l'assuré, sous forme d'une prestation. Cette protection vise à couvrir des dépenses telles que les frais funéraires, les dettes et les besoins quotidiens..., assurant ainsi la stabilité financière des personnes dépendantes.

Un élément distinctif de l'assurance vie est le principe de la création de valeur. Les primes versées contribuent non seulement à financer la prestation de décès, mais également à la croissance d'une réserve d'épargne interne pour divers objectifs. Cette valeur peut être investie, générant des intérêts ou des rendements liés au marché, ouvrant ainsi une opportunité de croissance financière au fil du temps.

La flexibilité des primes constitue un autre principe fondamental. L'assurance vie permet aux titulaires d'ajuster les montants des primes en fonction de leurs besoins financiers changeants, offrant ainsi une adaptabilité essentielle pour maintenir la pertinence des clauses du contrat par rapport aux objectifs financiers de l'assuré au fil du temps.

En d'autres termes, la flexibilité des primes permet au souscripteur d'ajuster les montants de ses primes en fonction des changements dans leur situation financière. Que ce soit en cas d'augmentation des revenus, de dépenses imprévues ou de périodes de budget serré, la possibilité de modifier les primes offre une adaptabilité essentielle. Ainsi, l'assurance vie peut s'aligner sur les différentes phases de la vie financière d'un individu. Les objectifs financiers peuvent évoluer avec le temps. La flexibilité des primes permet aux assurés d'ajuster leurs contributions pour répondre à des besoins spécifiques du moment. Cette capacité d'alignement étroit avec les objectifs financiers accroît l'efficacité de l'assurance vie en tant qu'outil d'épargne.

En période de contrainte budgétaire, la flexibilité des primes offre un avantage significatif. Les assurés peuvent réduire temporairement le montant de leurs primes ou même les suspendre pendant une période, tout en maintenant la validité de leurs droits. Cela permet de conserver la protection d'assurance tout en gérant les défis financiers temporaires.

La compréhension de ces principes fondamentaux jette les bases nécessaires pour étudier les opportunités et les stratégies liées à l'assurance vie. La différenciation entre les types d'assurance vie permet aux individus de choisir la solution qui répond le mieux à leurs besoins spécifiques, renforçant ainsi la pertinence de cet outil d'épargne dans la planification globale.

4. Fonctionnement des polices d'assurance vie

Pour comprendre pleinement le fonctionnement des polices d'assurance vie, il est essentiel de disséquer les différentes composantes qui les constituent, dévoilant ainsi les mécanismes complexes qui rendent cet instrument financier si puissant.

4.1. Prime d'assurance

La prime d'assurance constitue le coût que l'assuré doit payer à intervalles réguliers (mensuel, trimestriel, annuel, etc.) pour maintenir sa couverture. Cette prime est déterminée par divers facteurs, notamment l'âge, la santé, le montant de la couverture et le type de contrat. Elle est la contrepartie financière nécessaire pour bénéficier de la protection et des avantages offerts par l'assurance vie.

4.2. Couverture d'assurance en cas de décès du souscripteur

La couverture d'assurance, souvent appelée prestation, représente le capital versé aux bénéficiaires désignés en cas de décès de l'assuré. C'est la garantie principale de l'assurance vie, procurant une protection financière aux personnes dépendantes de l'assuré. Le montant de la prestation de décès est déterminé lors de la souscription de la police et peut être ajusté en fonction des besoins de l'assuré.

III

L'épargne, qu'est-ce que c'est ?

1. Cadre conceptuel

L'épargne, en tant que théorie économique et financière, est un instrument central dans le financement du développement économique d'une nation. La pratique de l'épargne réside dans sa capacité à différer la consommation immédiate en faveur de la constitution d'une réserve de ressources financières pour l'avenir. En ce sens, l'épargne joue un rôle crucial dans la stabilité et la croissance économiques. Elle agit comme un moteur pour le financement des investissements, que ce soit au niveau individuel, ou à celui des entreprises ou des gouvernements. Lorsque les individus et les entités économiques épargnent, elles accumulent des fonds qui peuvent être réinvestis dans des projets productifs, stimulant ainsi la création de richesses.

De ce qui précède, on peut considérer que l'épargne, dans le contexte économique, revêt une importance capitale en tant que pratique financière.

Cependant, la mise de côté régulière d'une partie de ses ressources pour un ménage, élément fondamental de l'épargne, nécessite une discipline impliquant des contributions planifiées – mensuelles, trimestrielles ou selon un calendrier défini

L'épargne se dévoile comme un outil multifonctionnel, orienté vers l'atteinte d'objectifs financiers spécifiques. Ces objectifs, variés d'une personne à une autre, peuvent englober l'acquisition d'un bien immobilier, la préparation de la retraite, le financement des études des enfants, la constitution d'un fonds d'urgence, ou encore la réalisation de projets personnels. Ainsi, l'épargne s'inscrit dans une perspective à long terme, permettant de répondre à des besoins futurs et d'anticiper des dépenses imprévues.

La conservation de la valeur constitue un autre aspect crucial de l'épargne. Les fonds mis de côté sont souvent placés dans des instruments financiers tels que des comptes d'épargne, des certificats de dépôt, ou d'autres formes de placement. Cette stratégie vise à contrer l'impact de l'inflation et à garantir que la valeur réelle des économies reste préservée au fil du temps.

Un aspect souvent sous-estimé de l'épargne est sa capacité à réduire les risques financiers. Constituer une réserve financière aide à atténuer les effets de situations d'urgence telles que la perte d'emploi, des dépenses médicales importantes, ou d'autres événements imprévus.

Enfin, épargner revient à développer des habitudes financières équilibrées. Cela encourage une gestion saine et responsable de l'argent, la planification à court, moyen et long terme, et une prévoyance face aux risques de la vie.

En somme, l'épargne se positionne comme une science fondamentale, alliant une planification consciente, des objectifs précis, et une gestion judicieuse des ressources pour assurer une stabilité financière à long terme.

2. L'épargne dans le contexte africain

En Afrique, la notion d'épargne comporte des nuances culturelles et économiques spécifiques. Dans ce contexte, elle est souvent perçue comme une pratique financière essentielle, ancrée dans la réalité des communautés. Voici une définition adaptée dans les milieux africains :

L'épargne en Afrique se manifeste comme une tradition ancrée dans la vie quotidienne des familles. C'est l'habitude méticuleuse de mettre de côté une partie des revenus ou des ressources financières actuelles, souvent de manière régulière, en vue de constituer un fonds disponible pour répondre à des besoins futurs ou anticiper des événements imprévus. Cette démarche a une signification profonde au sein des communautés africaines, où la solidarité familiale et la prévoyance face aux aléas de la vie sont des valeurs fondamentales.

Cette volonté d'épargne peut prendre différentes formes, allant des systèmes traditionnels tels que les coopératives d'épargne communautaires aux méthodes modernes, telles que l'utilisation de comptes d'épargne bancaires. Elle est souvent motivée par des objectifs diversifiés, parmi lesquels la préparation de cérémonies familiales, la constitution d'une réserve pour les périodes difficiles, ou encore l'investissement dans des projets communautaires.

L'épargne est également teintée d'une dimension sociale forte. Elle est souvent perçue comme un moyen d'assurer la solidarité intergénérationnelle et de contribuer au bien-être d'un pays. Les méthodes traditionnelles d'épargne, telles que les tontines ou les associations d'épargne et de crédit, témoignent de la manière dont l'épargne est intégrée dans le tissu social, renforçant les liens communautaires tout en offrant des avantages financiers.

En conclusion, on peut retenir que l'épargne, dans sa version africaine, se présente comme bien plus qu'une simple pratique financière individuelle. Elle est une manifestation profonde de la solidarité communautaire, de la prévoyance devant les défis économiques, et de l'aspiration à bâtir un avenir financier stable pour les générations à venir.

3. Rôle de l'épargne dans la stabilité financière

L'épargne peut être définie comme une partie des revenus d'un individu ou d'une entité économique qui n'est pas immédiatement dépensée pour la consommation. C'est une discipline financière qui transcende la simple notion d'accumulation de richesse personnelle. En effet, elle revêt un caractère proactif, offrant des ressources nécessaires pour faire face à des situations imprévues.

Son rôle dans la stabilité financière est fondamental à plusieurs niveaux. Tout d'abord, elle agit comme une barrière de protection contre les crises financières individuelles, permettant aux individus de faire face aux dépenses inattendues et évitant ainsi les dettes excessives et les pressions financières inutiles. En finançant des projets à long terme et en explorant des opportunités, l'épargne devient un catalyseur pour la réalisation des aspirations personnelles et professionnelles.

Au niveau macroéconomique, l'épargne collective contribue à renforcer la résilience économique d'une société en générant une base de capitaux pour des investissements productifs. Cette accumulation de ressources financières crée une réserve qui peut être mobilisée en période de crise économique, atténuant les effets négatifs et favorisant une reprise plus rapide.

En outre, l'épargne revêt une importance cruciale dans la préparation à la retraite, car permettant aux ménages de maintenir leur qualité de vie même après avoir quitté la vie active. L'assurance vie est le meilleur moyen de se constituer cette épargne. Grâce à son efficacité et à sa simplicité, elle garantit un fonds de retraite complémentaire important pour favoriser la stabilité et l'équilibre.

4. Lien entre l'assurance et l'épargne

Cette section du livre s'attarde sur le lien entre l'assurance vie et l'épargne en mettant au premier plan la façon dont cette alliance entre les deux disciplines offre une approche complète pour répondre aux besoins financiers variés des ménages africains.

Le caractère fondamental du lien entre l'assurance vie et l'épargne réside dans la combinaison harmonieuse de la sécurité et de la stabilité financière. Traditionnellement perçue comme une protection contre les risques inhérents à la vie, l'assurance vie évolue en Afrique pour devenir un instrument d'épargne novateur, alliant plusieurs caractéristiques de manière unique.

La protection contre les risques, inhérente à l'assurance vie, offre une tranquillité d'esprit inestimable, tandis que la dimension d'épargne permet aux individus de développer activement leur patrimoine. Cette dualité stratégique en fait un outil adapté à ceux qui cherchent à assurer leur avenir tout en capitalisant sur les opportunités offertes par les marchés financiers.

Une caractéristique distinctive de l'assurance vie est la possibilité d'investir la valeur en espèces dans des instruments tels que des fonds communs de placement, des actions et des obligations. Ce lien entre l'assurance vie et les opportunités d'investissement offre aux souscripteurs la possibilité de participer aux rendements du marché, augmentant ainsi le potentiel de croissance de leur épargne. Cet aspect va au-delà de la simple accumulation de fonds, les souscripteurs peuvent ainsi tirer parti des opportunités de croissance du marché tout en bénéficiant de la protection inhérente à l'assurance vie.

Un autre élément renforçant le lien entre l'assurance vie et l'épargne réside dans les avantages fiscaux qu'elle offre. Les gains réalisés sont généralement exonérés d'impôts tant que les fonds restent dans le contrat. Cette exonération d'impôts favorise une croissance plus rapide, apportant de ce fait un avantage significatif par rapport à d'autres formes d'épargne ou d'investissement. Cette dimension fiscale renforce l'attrait de l'assurance vie en tant qu'outil d'épargne efficace.

Remarque particulière : le lien entre l'assurance vie et l'épargne trouve une force particulière dans son alignement avec les objectifs de vie des souscripteurs. Que ce soit pour financer l'éducation des enfants, assurer une retraite confortable ou léguer un patrimoine aux générations futures, l'assurance vie peut être adaptée pour répondre spécifiquement à ces aspirations. Cette capacité à personnaliser la stratégie d'épargne en fonction des objectifs individuels renforce la pertinence de l'assurance vie en tant qu'outil d'épargne innovant. Ainsi, l'assurance vie apparaît comme un moyen dynamique de construire et de faire croître son patrimoine, offrant en même temps une approche complète pour répondre aux besoins spécifiques.

5. Les types d'épargne possibles avec l'assurance vie

L'assurance vie protège les assurés face aux imprévus et leur apporte une diversité de types d'épargne qui s'adaptent à leurs besoins variés. Cette polyvalence en fait un outil d'épargne exceptionnel, proposant différentes modalités pour répondre aux objectifs spécifiques des individus.

L'assurance vie propose également des options permettant de définir des objectifs spécifiques d'épargne. Par exemple, certains contrats peuvent être orientés vers la constitution d'une épargne destinée à financer l'éducation des enfants, à créer un fonds de retraite, ou à assurer la transmission de patrimoine. Cette personnalisation des objectifs d'épargne permet aux souscripteurs de structurer leur plan financier en fonction de leurs aspirations et besoins particuliers.

Les types d'épargne possibles avec l'assurance vie englobent un large éventail d'options allant de la production de valeur en espèces à l'investissement diversifié, en passant par la personnalisation des objectifs d'épargne et les avantages fiscaux. La flexibilité inhérente à ces modalités permet aux souscripteurs d'adapter leur plan financier en fonction des évolutions de la vie, offrant ainsi une approche holistique de l'épargne et de la planification financière.

6. Stratégies d'épargne avec l'assurance vie

L'assurance vie offre une gamme de stratégies d'épargne flexibles permettant aux individus de planifier tant à court terme qu'à long terme. Ces stratégies sont conçues pour répondre aux besoins financiers évolutifs des assurés, offrant à la fois stabilité et croissance.

6.1. Épargne à court terme

L'épargne à court terme avec l'assurance vie se concentre sur la constitution d'un capital accessible rapidement, idéal pour faire face à des dépenses imprévues ou réaliser des projets à horizon proche. Les assurés peuvent opter pour des contrats d'assurance vie avec des primes modérées, offrant une liquidité plus rapide. Ces contrats peuvent être ajustés en fonction des besoins spécifiques, permettant une flexibilité financière appréciable.

6.2. Épargne à long terme

Pour ceux qui envisagent l'avenir à plus long terme, l'assurance vie permet d'accumuler un capital croissant et stable au fil des années.

Il faut préciser que les avantages fiscaux associés à l'assurance vie à long terme en font une stratégie d'épargne attrayante. Les gains accumulés sont généralement exonérés d'impôts au-delà d'une certaine durée de contrat, offrant ainsi un avantage fiscal significatif.

6.3. Enseignements à retenir

L'assurance vie se positionne comme un outil d'épargne polyvalent, permettant aux individus de combiner des stratégies à court terme pour répondre aux besoins immédiats et des stratégies à long terme pour assurer une croissance financière stable et protéger l'avenir financier de leurs proches. Ces deux approches offrent une flexibilité adaptée à différentes phases de la vie, faisant de l'assurance vie un pilier essentiel de la planification financière globale. L'assurance vie donne également à un État la possibilité de financer ses projets de développement.

Cas pratique

Améla est salariée d'une entreprise privée. Elle a 47 ans et est divorcée avec 2 enfants à charge. Améla a des ambitions réalistes en tête et elle souhaite les réaliser. Elle a cumulé 17 bonnes années d'ancienneté dans cette entreprise. À son départ à la retraite à 60 ans, elle aura une ancienneté de 30 ans. Son idée principale, c'est de s'offrir une vie confortable en tenant compte de ses revenus annuels. Améla gagne un salaire net de 269 840 francs CFA. Ses charges mensuelles s'élèvent à 180 000 francs CFA environ, compte non tenu des imprévus. Elle reçoit régulièrement des sollicitations de ses proches pour satisfaire des besoins ponctuels. À cela, il faut ajouter les cérémonies familiales.

Certains mois, Améla n'arrive pas à joindre les deux bouts. Il peut arriver en plein mois qu'elle ne dispose plus suffisamment de réserve pour payer le taxi-moto afin de se rendre au travail. Les frais de restauration, n'en parlons pas. Elle fait parfois le choix de sauter un repas, pour maintenir le cap financier. Pendant les temps durs, Améla compte sur le soutien de son oncle et la réduction de ses besoins personnels.

Pour ses projets futurs, Améla veut acquérir une voiture et un bien immobilier, investir dans des petites initiatives entrepreneuriales, préparer sa retraite et garder un stock de capital pour faire face aux situations imprévisibles du quotidien (accident, chômage, maladie, entre autres). Améla est consciente de la situation qui l'attend à la retraite.

Estimation de la pension de retraite d'Améla selon son pays.

Si Améla était sénégalaise

Le système de retraite au Sénégal peut varier en fonction des différents régimes de pension (régime général, régimes complémentaires, etc.) et des réformes en cours. Cependant, pour une estimation générale de la pension de retraite, on peut prendre en compte certains éléments communs.

En général, la pension de retraite dépend de plusieurs facteurs, notamment le salaire moyen des meilleures années de travail, la durée totale de cotisation, le taux de remplacement, etc. Voici une estimation simplifiée basée sur des hypothèses générales :

Formule de calcul de la pension de retraite : $PP=SMM \times TG \times DT$

où :

- SMM est le salaire moyen des meilleures années de travail ;

- TG est le taux de génération, généralement exprimé en pourcentage (par exemple, 2 %) ;
- DT est la durée totale de cotisation en années.

Estimation : hypothétisons un salaire moyen (SMM) de 269 840 francs CFA (le salaire net d'Améla), un taux de génération (TG) de 2 %, et une durée totale de cotisation (DT) de 30 ans (la durée d'ancienneté d'Améla).

$$PP=269.840\times 0.02\times 30$$

$$PP=161\ 904 \text{ FCFA}$$

Cela donne une estimation de la pension de retraite (PP) d'Améla au Sénégal s'il n'y a pas de plafond du taux de remplacement, sous les hypothèses mentionnées. Dans certains pays, le taux de remplacement est plafonné à 50 %.

Leçons à tirer

Pour ce cas précis, l'épargne à travers l'assurance vie constitue l'une des meilleures options pour aider Améla à accomplir ses aspirations. Si elle décide de garder une partie de son salaire comme épargne à travers la souscription d'une assurance vie, elle peut prétendre à une meilleure vie qui lui garantira sécurité et stabilité.

Suite cas pratique

Améla décide de considérer l'épargne via la souscription d'une assurance vie pour une cotisation de 25 000 francs CFA par mois, comme la première dépense de son salaire. Avant d'affecter à la consommation le budget à prévoir, elle mobilise la somme de 25 000 francs

CFA pour préparer ses futurs projets et parer aux imprévus.

Raisonnement

Pour parer à des imprévus…

Dans les pays développés, les imprévus sont rares, les populations ont plus de probabilités de respecter leurs engagements. La planification est l'une des premières armes des populations. Dans notre contexte africain, avec son lot de contraintes, il est difficile pour plusieurs catégories de ménages de suivre une planification rigoureuse et stable.

… Allons plus loin !

En théorie économique, l'épargne est considérée comme la partie du revenu non affectée à la consommation. Pour un individu lambda, elle se traduit par un flux d'argent mis de côté pour servir à financer des projets futurs et à parer aux aléas de la vie. Ce double objectif donne à l'épargne une importance capitale dans la société africaine. Elle représente ainsi bien plus qu'une cagnotte disponible pour répondre aux imprévus, elle est plutôt une pratique financière qui transcende la simple notion d'accumulation de richesse personnelle. L'épargne a donc la particularité d'être proactive, car elle permet de bénéficier d'une réserve personnelle pour garantir une stabilité financière à long terme. Cette notion d'épargne est un pilier fondamental de la sécurité financière, tant du point de vue personnel que collectif.

De ce qui précède, on peut admettre que l'épargne est défalquée dès réception des revenus, elle constitue donc la première dépense pour la plupart des ménages qui souhaitent garder une ligne de sécurité en cas d'imprévus. Dans une économie stable, cette vision de l'épargne colle avec la réalité sociétale, car la vie des ménages est organisée suivant les principes d'organisation et de méthode en matière de gestion des finances. Cependant, dans nos pays, en Afrique, vu les différentes sollicitations à tous les niveaux, il est difficile pour les familles de constituer l'épargne comme première dépense compte tenu des pressions sociales et des imprévus qui se créent à toutes les occasions. Les aides multiformes accordées aux membres de la famille, aux amis, aux proches et d'autres personnes… rendent les revenus de la plupart des ménages insuffisants.

Selon l'économiste ivoirien, le professeur Maurice KOUE, l'épargne à la manière occidentale ne saurait prospérer en Afrique. Il estime que le ménage africain ne se retrouve pas dans une définition de l'épargne qui se traduit comme résidu de la consommation.

Selon le professeur Maurice KOUE, pour arriver à épargner en Afrique, il faut considérer l'épargne comme la première dépense à effectuer avant toute autre dépense.

Pour ma part, épargner est une nécessité pour tout type de ménage quel que soit le niveau de ses revenus mensuels. En revanche, il convient de signaler que l'épargne n'est pas exclusivement réservée aux personnes riches, ayant des ressources financières importantes et stables. Cette possibilité de constituer une économie de sécurité est largement accessible pour les populations qui ne perçoivent pas de ressources fixes et régulières, car l'épargne est fonction des moyens de l'épargnant et à son rythme de versement. À cela, on peut ajouter que les populations à faibles revenus se battent au quotidien pour arrondir les fins de mois. Pour ces catégories de ménages, se fixer un taux d'épargne personnel par période pourrait être l'idéal pour commencer à mettre de l'argent de côté.

En vous obligeant à affecter d'office une part de votre budget à l'épargne, vous placez cette activité en première dépense et vous finirez par vous y habituer. Cette routine a l'avantage de vous mettre à l'abri, de vous couvrir en cas de danger, donc vous donne la possibilité de sécuriser (protéger) votre vie et celle de vos proches. C'est dans ce contexte que l'assurance vie joue un rôle primordial dans sa fonction d'accompagnement des ménages dans la préparation de l'avenir. L'assurance vie est un moyen qui se révèle approprié lorsqu'un ménage souhaite épargner pour répondre aux incertitudes de la vie (accident de travail, complément de revenu de retraite, chômage, maladie…) et pour disposer d'un capital raisonnable pour financer ses projets d'envergure.

Effectivement, lorsque l'on dispose d'un capital issu de l'assurance vie, il existe plusieurs projets d'envergure que l'on peut envisager de financer. Ces projets dépendront de vos objectifs personnels, de votre situation financière globale et de vos priorités. Voici quelques exemples de projets d'envergure que l'on peut financer avec un capital issu de l'assurance vie :

Investissements immobiliers : utiliser le capital pour investir dans l'immobilier, que ce soit pour acheter une maison, un appartement ou pour des projets de promotion immobilière.

Création d'entreprise : financer le lancement d'une entreprise ou le développement d'une entreprise existante. Cela peut inclure des start-up, des franchises ou des entreprises dans des secteurs spécifiques.

Éducation et formation : investir dans l'éducation, que ce soit pour vous-même, pour vos enfants ou d'autres membres de la famille. Cela peut inclure des frais de scolarité, des cours de perfectionnement professionnel, etc.

Projets humanitaires et sociaux : contribuer à des projets à vocation sociale, humanitaire ou environnementale. Cela peut inclure des initiatives caritatives, des projets de développement durable, etc.

Retraite anticipée : utiliser le capital pour anticiper la retraite en investissant dans des instruments financiers qui génèrent des revenus réguliers.

Voyages et loisirs : financer des voyages, des aventures ou des projets de loisirs que vous avez toujours souhaité réaliser.

Remboursement de dettes : utiliser une partie du capital pour rembourser des dettes existantes et améliorer votre situation financière.

Diversification d'investissements : investir dans une variété de classes d'actifs pour diversifier votre portefeuille financier et réduire les risques.

Succession et transmission de patrimoine : planifier la transmission de votre patrimoine à vos héritiers en organisant une stratégie de succession efficace.

Soutien familial : aider financièrement des membres de la famille pour des besoins spécifiques tels que l'achat d'une maison, le financement des études, etc.

Diverses possibilités pour souscrire un contrat d'assurance

Cependant, avant de prendre toute décision, il est essentiel de consulter un professionnel de l'assurance pour évaluer votre objectif, établir une stratégie adaptée à vos besoins et à vos moyens et maximiser les avantages de votre capital issu de l'assurance vie.

L'assurance vie est une manière pratique de conserver une part de ses revenus à titre d'épargne volontaire dans une institution d'assurance, à travers un contrat en bonne et due forme.

L'assurance vie apparaît comme support d'épargne en se distinguant des autres formes d'épargne et se positionne comme un outil indispensable de résolution de problème en cas d'aléas. Elle apporte des avantages nombreux et offre à l'assuré une vie paisible à moyen et long terme. Elle permet de constituer un capital flexible et accessible.

L'assurance vie joue un rôle important, puisque le système de paiement des primes le plus utilisé dans la zone CIMA, qui consiste à prélever directement la prime d'assurance des comptes en banque des assurés à chaque fin de mois, obéit à la définition de l'épargne, comme première dépense des ménages.

Lorsqu'elle existe, cette épargne est faite pour des projets très diversifiés. Les objectifs des épargnants peuvent se classer en deux grandes catégories : placement et investissement.

7. L'assurance vie, mécanisme de retraite complémentaire

En Afrique, la retraite se matérialise par le retrait d'un individu de la vie professionnelle lorsqu'il atteint le seuil d'un certain âge. Dans la majeure partie des pays du continent, il faut atteindre 60 ans environ pour avoir le droit à la retraite et mériter une pension mensuelle à titre d'indemnités de retraite. Cette nouvelle situation donne à l'intéressé la possibilité de faire plusieurs choix.

La retraite : comment se passe-t-elle concrètement et qu'est-ce qu'il faut en retenir ?

La notion de travail lie principalement deux acteurs de l'économie : l'employeur (société ou personne physique) et l'employé. Pour garantir les droits et obligations des parties, l'État intervient à travers ses démembrements opérationnels. Ici, le rôle de l'État est de réguler, c'est en quelque sorte un moyen de protéger les deux parties au contrat.

En ce qui concerne le système des retraites proprement dit, l'employeur et l'employé cotisent chaque mois à une caisse de prévoyance et de retraite, cotisations que l'employé touchera au moment de son retrait de la vie professionnelle, en qualité de retraité. Le paiement s'effectue mensuellement. Les sommes d'argent versées à la caisse de son choix (organisme public ou organisme privé) ouvrent au retraité la possibilité de se lancer de nouveaux challenges.

Dans les années 1970, le chômage était quasiment inexistant dans nos pays. Nos États disposaient d'une bonne marge de manœuvre pour assurer le règlement des indemnités des retraités. Les années 2000 coïncident avec une période de bouleversement de toutes natures. On a noté un chômage endémique aggravé par plusieurs phénomènes. De nombreux jeunes sortent des écoles de formation avec leurs diplômes en poche et n'accèdent pas à un travail décent. Ceci se traduit par la réduction du nombre d'employés et naturellement, par la baisse du nombre de personnes qui cotisent.

Le niveau des pensions de retraite exposé plus haut indique effectivement que de nombreux salariés ont du souci à se faire concernant leur niveau de vie pendant la retraite. Les pensions sont globalement basses et pour des personnes ayant des revenus d'activité importants, le principe du plafonnement ne leur permettra pas de maintenir le niveau de vie qui était le leur. La mise en place d'une retraite complémentaire, à travers la souscription d'une assurance vie, s'avère être une impérieuse nécessité.

La faiblesse des cotisations limite les disponibilités financières des États africains pour assurer le paiement des pensions de retraite aux ayants droit. D'où l'importance d'une réflexion approfondie pour modifier et rendre plus performant et équitable le modèle de retraite en Afrique.

Je crois sincèrement qu'après autant d'années d'efforts, de résultats obtenus, d'énergies déployées, de bons services rendus à la communauté, de sacrifices consentis, le retraité a droit de profiter pleinement de la vie.

Dans certains pays et milieux, être à la retraite est assimilé au fait de s'offrir une nouvelle aventure, d'ouvrir une nouvelle page de son histoire et de vivre paisiblement en minimisant les contraintes de la vie. C'est la période pour profiter de bonnes vacances, de passer des moments agréables avec ses enfants, petits-enfants et d'autres personnes qui nous sont chères, de partager ses expériences professionnelles, d'apporter son soutien à la communauté, d'entreprendre pour assouvir d'autres passions, impossible à faire en étant en poste, de travailler encore pour une période donnée pour avoir des revenus complémentaires, de s'engager pour de bonnes causes, en militant dans des associations…

Aux salariés du public et du privé, quel que soit votre statut social, aux praticiens des professions libérales, aux entrepreneurs, aux consultants individuels, aux talentueux acteurs de l'économie informelle aux chômeurs… : notez que l'avenir se prépare. Les temps sont durs, nous le savons tous. Et nous n'avons pas forcément la maîtrise de notre lendemain. Garder une enveloppe de sécurité devient une nécessité. Je veux dire par là que les temps ont changé, nos besoins ont évolué et nos États disposent de peu de réserves pour couvrir les prestations liées à la retraite.

Tirez les bons enseignements de mon propos et pensez à sécuriser votre vie en étudiant et en choisissant le type d'assurance vie qui peut répondre à vos attentes. Pensez à vos projets, à l'acquisition de biens matériels, au financement de la scolarité des enfants, aux risques et catastrophes naturelles, aux incertitudes de toute sorte, aux accidents de la vie, aux maladies qui peuvent vous immobiliser… En quelque sorte, pensez à l'avenir. C'est important.

Honneur aux braves acteurs du secteur informel : vendeuses et vendeurs de produits de tout genre dans les marchés, agriculteurs au sens large, débrouillards, artisans, inventeurs, innovateurs, et à d'autres corps de métiers du secteur non structuré. En rédigeant ce livre, j'ai beaucoup pensé à vous, à vos situations et aux défis que vous relevez au quotidien. Vous êtes pour l'essentiel dans des ménages ayant des revenus irréguliers et instables. En cas d'incident ou d'incapacité de travail, vous risquez de sombrer dans la précarité.

D'après mes recherches, plusieurs d'entre vous et surtout celles et ceux qui vivent dans les endroits reculés thésaurisent leur argent, par manque d'endroit pour déposer vos ressources. J'ai pu comprendre que dans la quasi-totalité des villages d'Afrique, il est rare de trouver une banque ou une institution financière de proximité telle que les organismes de microfinance pour vous faciliter la constitution d'une épargne. Et si votre argent est gardé à la maison, vous serez plus tentés de le dépenser. En ce sens, je vous invite à vous renseigner sur les alternatives qu'offrent les maisons d'assurance à travers leurs produits d'assurance vie pour sécuriser vos avoirs et faire face en cas de coups durs de la vie.

8. L'assurance vie, un moyen de constituer une épargne de précaution

Cas pratique

Mark et Aminatou sont mariés depuis 24 ans. Ils ont eu quatre enfants, dont un vit à l'étranger.

Mark est cadre dans une multinationale américaine installée au Togo. Sa femme, Aminatou, est assistante comptable dans une banque de développement. En plus de son activité salariale, Aminatou a ouvert une boutique au grand marché de Lomé, où elle commercialise des produits de beauté et des habits pour femmes. Ses activités parallèles lui procurent des revenus complémentaires.

Présentation des enfants

Olivier. Il est l'aîné de la famille. À 20 ans, il réside actuellement en France pour poursuivre ses études supérieures. Il est en classe préparatoire pour intégrer les grandes écoles d'ingénieur. Son rêve est de devenir ingénieur polytechnicien. Il est passionné par l'exploitation des mines et du pétrole.

Angèle. Elle est en classe de Première scientifique dans une école privée à Lomé. Son projet, c'est d'avoir son baccalauréat avec la mention Bien et de voyager en France pour rejoindre son grand frère. Elle a comme ambition de préparer les concours d'écoles de commerce. Angèle aura 17 ans en 2024.

Michou a 15 ans. Elle aime les arts plastiques et la mode. Elle ne s'est pas encore décidée sur son choix d'orientation professionnelle, mais reste très intéressée par l'innovation et la créativité. À ses heures perdues, Michou s'adonne à la lecture et au dessin.

Afsatou est la benjamine de la famille. Elle est la chouchoute de la maison. Elle est souriante et rigolote. À 9 ans, elle a pu développer une personnalité de leader. Elle est intelligente et aime la lecture des bandes dessinées. Elle est l'animatrice principale de la maison. Avec Afsatou… le rire est permis.

Le couple (Mark et Aminatou) a des revenus confortables qui lui permettent de prendre en charge toutes les dépenses de la famille. Ils ont même une grande capacité d'épargne pour faire face aux aléas de la vie. Mark a eu un accident de la route en été 2023. Il reste à la maison avec une incapacité temporaire de travail de 12 mois. Son entreprise lui verse 60 % de son salaire pendant la période correspondante et prend en charge 80 % des frais médicaux. Cette situation plonge Mark dans un désarroi total car il ne peut pas profiter de ses bons d'essence, de ses indemnités liées à sa présence au travail et à d'autres commodités telles que les notes de frais pour les missions à l'intérieur du pays et à l'étranger. L'accident de Mark lui cause d'énormes difficultés, car il réduit son train de vie.

Scénario 1 :
Mark avait souscrit à une assurance pour se prémunir des risques

Cas 1 : Souscription à un contrat de prévoyance avec des garanties d'invalidité et d'indemnités journalières.

Cas 2 : Souscription d'un contrat d'assurance vie de précaution.

Cas de figure 1 :
Mark avait souscrit une assurance prévoyance

Dans ce scénario, Mark bénéficiera des garanties de l'assurance, ce qui se révèle être une sage décision compte tenu de l'accident de la route qu'il a subi.

Enseignements à tirer

- **Sécurité financière en cas d'incident :** l'assurance prévoyance offre une sécurité financière lorsque des événements inattendus, tels qu'un accident, surviennent. Elle garantit une couverture pour les frais médicaux et peut compenser partiellement la perte de revenus due à une incapacité temporaire de travail.
- **Maintien du train de vie :** la présence d'une assurance prévoyance permet à Mark et à sa famille de maintenir un certain niveau de vie, malgré la réduction de ses revenus pendant la période d'incapacité de travail. Cela atténue les pressions financières et offre une stabilité nécessaire.
- **Gestion des dépenses quotidiennes :** les avantages de l'assurance vie aident Mark à gérer les dépenses quotidiennes, y compris les frais médicaux non

couverts par son employeur. Cela lui permet de se concentrer sur sa guérison sans se soucier outre mesure des contraintes financières.

- **Prise en charge des indemnités :** l'assurance prévoyance prend en charge une partie des indemnités que Mark aurait autrement perdues en raison de son incapacité de profiter de certains avantages liés à sa présence au travail, tels que les bons d'essence et les notes de frais.

Cas de figure 2 : Mark avait souscrit un contrat d'assurance vie de précaution et à une assurance chômage

L'importance d'une assurance vie, en particulier dans le contexte de l'incapacité temporaire de travail de Mark, devient évidente à travers les leçons suivantes :

- **Protection financière globale :** une assurance vie complète, combinant des éléments d'épargne te de prévoyance, de couverture en cas d'incapacité temporaire de travail, aurait apporté une protection financière plus globale à Mark et à sa famille. Cela aurait couvert divers scénarios de vie, assurant une tranquillité d'esprit maximale.

- **Diversification des risques :** l'inclusion de différentes formes d'assurance vie aurait permis une diversification des risques.

- **Planification à long terme :** une assurance vie bien planifiée s'inscrit dans une perspective à long terme. Cela aurait pu inclure des dispositions spécifiques pour des circonstances telles que l'envoi d'Olivier en France pour ses études, prenant en compte les coûts liés à ce projet.

- **Adaptabilité aux événements de vie :** les assurances vie diversifiées offrent une adaptabilité cruciale aux événements imprévus de la vie. La combinaison de diverses couvertures permet de répondre plus efficacement aux défis spécifiques rencontrés par la famille de Mark.

En somme, le scénario 1 souligne l'importance de choisir des assurances vie adaptées aux circonstances personnelles, tout en mettant en évidence les avantages d'une approche diversifiée pour une protection financière complète.

Scénario 2 : Mark n'a aucune assurance. À date de son accident, il a une somme de 2 789 500 francs CFA sur un compte d'épargne.

Dans ce scénario, Mark ne dispose d'aucune assurance, mais il détient une somme d'argent importante sur un compte bancaire.

Enseignements à tirer

Absence de protection financière adéquate : l'absence d'assurance expose Mark à des risques financiers considérables, surtout en cas d'incident majeur, comme son accident de la route. La somme dans le Livret A peut être utilisée, mais elle ne fournit pas la protection adéquate pour couvrir tous les aspects liés à un accident, y compris les dépenses médicales et la perte de revenus.

Limites du compte d'épargne en cas d'urgence médicale : bien que le Livret A offre une certaine liquidité, il n'est pas conçu pour faire face à des urgences médicales majeures. Les coûts associés à un accident grave peuvent rapidement dépasser la somme disponible, laissant Mark vulnérable financièrement. Et cette situation peut freiner l'épanouissement de sa famille. La scolarité des enfants peut être impactée, par exemple.

Manque de couverture en cas d'incapacité de travail : sans assurance vie couvrant l'incapacité temporaire de travail, Mark perd non seulement des avantages liés à son emploi, mais il est également confronté à la réalité de ne pas pouvoir maintenir son niveau de vie habituel.

Nécessité d'une planification financière complète : ce scénario souligne l'importance d'une planification financière complète, qui va au-delà de l'accumulation de fonds sur des comptes d'épargne. Une assurance vie aurait offert une couverture plus étendue et aurait protégé les aspects spécifiques de la vie de Mark, tels que la perte de revenus due à l'incapacité temporaire.

Rôle de l'assurance dans la gestion des risques : les événements inattendus, tels que l'accident de Mark, mettent en lumière la nécessité d'utiliser des outils financiers spécialisés, comme l'assurance, pour gérer efficacement les risques. L'assurance est conçue pour offrir une protection spécifique dans des circonstances particulières.

Préparation aux coûts d'éducation : l'absence d'une assurance éducative ou d'un plan financier spécifique pour les études d'Olivier en France peut rendre le financement de ses études plus compliqué sans une source dédiée.

En somme, le scénario 2 met en évidence les conséquences potentielles de ne pas avoir une assurance vie adéquate, soulignant la nécessité d'une planification financière pour faire face aux aléas de la vie. L'assurance vie offre une protection spécifique qui ne peut être équivalente à la simple détention d'une somme d'argent sur un compte d'épargne.

Partie III

Assurance vie, outil de prévoyance

I

Définition de la prévoyance

La prévoyance désigne l'action de prévoir, d'anticiper les besoins futurs et de prendre des mesures pour se prémunir contre d'éventuels événements ou difficultés. Dans le contexte financier et assurantiel, la prévoyance est souvent associée à la mise en place de dispositifs visant à assurer une sécurité financière en cas d'imprévus tels que la maladie, l'invalidité, le décès, ou d'autres risques pouvant impacter la stabilité financière d'une personne ou de sa famille.

Elle se concrétise souvent par la souscription de contrats d'assurance ou d'autres instruments financiers spécifiquement conçus pour couvrir ces risques. Ces contrats peuvent offrir des prestations ou des indemnités en cas d'événements définis, procurant ainsi une tranquillité d'esprit et une protection financière aux individus et à leurs proches. En substance, la prévoyance consiste à anticiper et à se prémunir contre des risques financiers potentiels à travers des mesures planifiées et des solutions appropriées.

Elle joue un rôle essentiel dans la gestion financière à long terme, permettant aux individus de faire face aux aléas de la vie tout en préservant leur stabilité économique. Les domaines de prévoyance peuvent varier et inclure la planification de la retraite, la protection de la santé, la sécurité financière en cas de décès, la couverture en cas d'invalidité, et d'autres aspects liés à la sécurité financière personnelle et familiale.

En résumé, la prévoyance est une démarche proactive visant à anticiper les besoins financiers futurs et à mettre en place des solutions adéquates pour atténuer les conséquences économiques des événements imprévus. Elle s'inscrit dans une perspective de gestion responsable des risques et contribue à assurer la résilience financière des individus et de leurs familles face aux défis potentiels de la vie.

En Afrique, il faut noter que la majeure partie des structures d'assurance vendent la prévoyance liée à l'invalidité et au décès. Le marché regorge d'opportunités immenses à saisir. Des produits innovants peuvent être mûrement créés en ce sens.

Prévoyance et démarche logique

La prévoyance repose sur des stratégies de planification qui peuvent englober divers aspects de la vie quotidienne, de la santé à la sécurité financière en passant par la protection de la famille. En adoptant des mesures préventives, les ménages peuvent mieux se préparer à faire face aux éventualités futures, réduisant ainsi l'impact financier et les incertitudes liées à des événements inattendus.

En résumé, la prévoyance est une démarche proactive et réfléchie qui vise à anticiper, planifier et mettre en œuvre des solutions fiables pour garantir la stabilité financière individuelle et familiale dans un monde où l'incertitude est inévitable. C'est un élément essentiel de la gestion financière responsable qui contribue à construire une base solide pour faire face aux défis et aux transitions de la vie.

Un contrat d'assurance de prévoyance englobe des aspects liés à la santé, à la sécurité personnelle et à la planification à long terme. Par exemple, la prévoyance en matière de santé peut impliquer la souscription à une assurance maladie ou la mise en place de pratiques de bien-être pour prévenir d'éventuels problèmes de santé. La sécurité personnelle peut inclure des mesures telles que la mise en place de dispositifs de sécurité à domicile ou la formation aux premiers secours.

La prévoyance se base sur la préméditation et la vision à long terme en cherchant à créer une structure financière et personnelle qui peut résister aux turbulences de notre existence. C'est un élément central de la gestion prudente des affaires et de la vie quotidienne, permettant aux populations de prospérer même dans des circonstances incertaines. En investissant dans la prévoyance, on investit dans la construction d'un avenir plus stable et plus équilibré.

II

La prévoyance : généralités

Dans la zone CIMA, la prévoyance au niveau de l'assurance vie couvre deux risques : le décès et l'invalidité. Dans certains pays, la prévoyance s'étend à la maladie et à la dépendance. Dans le cadre de cet ouvrage, nous allons nous limiter au risque de décès et d'invalidité, l'assurance santé étant relativement aisée à appréhender et la dépendance n'étant pas encore une garantie proposée par les assureurs de la zone.

1. Le risque de décès

On parle d'assurance en cas de vie lorsqu'on parle d'épargne. Ici, il s'agit d'assurance en cas de décès. L'objet de cette assurance est de verser au(x) bénéficiaire(s) désigné(s) un capital fixé à l'avance ou calculable en fonction des paramètres définis au contrat.

Ce contrat est souvent qualifié de « contrat à fonds perdu », car l'assureur ne paie le capital qu'en cas de décès. Si le risque de décès ou d'invalidité ne se réalise pas, l'assureur ne fait aucune prestation.

Certaines variantes peuvent être introduites à cette garantie de base, comme le doublement du captal prévu en cas de décès accidentel ou un capital à déterminer en fonction de certaines données, tel un multiple du dernier salaire d'activité.

La mise en place de la prévoyance dans certains milieux suscite encore beaucoup d'inquiétudes ou de susceptibilité. Lorsque nous avons mis en place ce genre d'assurance pour une entreprise en Guinée, les salariés (hommes) ont commis une délégation pour venir nous voir et demander une confidentialité absolue, notamment vis-à-vis de leurs épouses, de peur de se faire assassiner. Le contrat garantissait 36 mois de salaire en cas de décès d'un salarié.

Quelques précisions

Le meurtre par le bénéficiaire du contrat (art. 78 du code CIMA) : le bénéficiaire du contrat qui assassine l'assuré perd tout bénéfice du contrat. Il ne peut demander le paiement des capitaux. Le législateur voulait ainsi moraliser le contrat.

Le suicide (art. 66 du code CIMA) : l'assurance en cas de décès est de nul effet si l'assuré se donne volontairement et consciemment la mort au cours des deux premières années du contrat.

La notion de consentement (art. 59 du code CIMA) : il ne peut être souscrit un contrat d'assurance décès sur la tête d'une personne sans son consentement.

Contrat sur la tête d'un mineur ou d'un incapable (art. 60 du code CIMA) : il est défendu à toute personne de contracter une assurance en cas de décès sur la tête d'un mineur âgé de moins de 12 ans, d'un majeur en tutelle, ou d'une personne placée dans un établissement psychiatrique.

Le bénéficiaire : la désignation d'un bénéficiaire est une des caractéristiques fortes d'un contrat d'assurance. Le souscripteur est libre de désigner le bénéficiaire de son choix en dehors des règles du Code civil. Les capitaux versés en cas de décès ne font pas partie de la succession (art. 71 du code CIMA) et de ce fait n'obéissent pas aux règles du Code civil relatives aux droits des héritiers.

Il est conseillé de désigner le bénéficiaire avec le plus de précisions possible pour éviter des interprétations au moment de payer les capitaux.

Exemples de désignation de bénéficiaires :

Enfants nés ou à naître,

Conjointe non séparée,

M. Kouassi, né le xx/xx/xxx

2. L'invalidité

Le risque d'invalidité peut être graduel : l'invalidité absolue et définitive, l'invalidité permanente totale, l'invalidité permanente partielle.

L'invalidité absolue et définitive (IAD) signifie que la personne concernée est obligée d'avoir recours à une tierce personne pour les actes ordinaires de la vie. Très souvent, l'IAD s'assimile au décès, et donc l'assureur paie les capitaux dans les mêmes conditions.

L'invalidité permanente totale (IPT) signifie que la personne ne peut plus exercer une activité professionnelle.

L'invalidité permanente partielle (IPP) signifie une limitation de certaines capacités fonctionnelles, mais avec la possibilité d'exercer certaines activités professionnelles.

Pour IPT et IPP, les capitaux sont payés en fonction du taux d'invalidité.

Combien de familles sont jetées à la rue suite au décès du pourvoyeur de ressources ?

Combien d'enfants ont dû écourter leur scolarité suite au décès des parents ?

Combien de personnes ont dû aliéner leurs biens suite à un décès pour organiser des obsèques ?

Combien de planteurs ont dû hypothéquer ou perdre leurs plantations suite à un décès ?

Combien de fonctionnaires ou salariés ont dû avoir recours aux usuriers pour financer les obsèques d'un parent et éviter d'être la risée du village ou de la communauté ?

Un de mes plus grands souvenirs en tant qu'assureur, c'est lorsqu'est survenu le décès d'un ami. Cela s'est produit un 1er avril comme s'il s'agissait d'une blague. Mon ami, cadre supérieur dans une banque, que je vais appeler Koffi pour des raisons de confidentialité, a été diagnostiqué d'un cancer un an plus tôt. Il m'a rendu visite à mon bureau pour me l'annoncer parce qu'il se rendait en France pour confirmer le diagnostic et commencer un traitement. Ce jour-là, nos retrouvailles, habituellement si joyeuses, autour d'un verre, d'une table de billard ou tout simplement pour refaire le monde, ont été des plus tristes et silencieuses, ne sachant quoi dire pour réconforter mon ami.

S'en est suivi son lot de chimiothérapie, radiothérapie, de voyages sanitaires. Nous avons eu des lueurs d'espoir lorsqu'après un de ses voyages en France pour des soins, il est revenu me voir au bureau. J'ai su plus tard que cette visite était une visite d'adieu, puisque quelques jours après, il décédait.

Koffi a laissé derrière lui une veuve et des enfants. Son entreprise avait souscrit quelques années plus tôt un contrat de prévoyance pour l'ensemble du personnel.

Le paiement de plus de 100 millions de francs CFA de capital décès payé à la veuve a été une des raisons pour lesquelles j'exerce ce métier avec autant de passion. Même si cette somme ne pouvait effacer la perte d'un père, d'un mari et d'un ami, ce montant aura permis à la veuve de faire face aux soucis financiers immédiats.

Les assurances en cas de décès peuvent se présenter sous plusieurs formes, souvent en fonction de la destination des capitaux payés par l'assureur suite au décès :

Assureur emprunteur : les capitaux payés par l'assureur servent à rembourser le crédit à la place de l'emprunteur décédé.

Assurance obsèques : ici, les capitaux serviront à payer les frais d'obsèques.

Les produits d'assurance dite de « prévoyance » pour gérer les imprévus

Avec la prévoyance, plusieurs risques peuvent être gérés. Le décès, l'invalidité… Des fois, et dans certaines régions, évoquer le décès lors d'une visite commerciale ou d'une campagne de sensibilisation est tabou.

Il y a toujours eu des décès avec ou sans assurance. Par expérience, il faut alors surtout se focaliser sur les conséquences du décès.

Par exemple, si le contrat permet, en cas de décès, de payer un capital en une ou plusieurs fois pour payer la scolarité des enfants, il est préférable de parler de « contrat études ou éducation » qui garantit que l'enfant pourra faire des études sans interruption.

3. Quelques types de produits

3.1. La vie entière

Dans ce contrat, la compagnie d'assurance s'engage à payer un capital au moment du décès d'un assuré. Ce contrat couvre l'assuré pendant toute sa vie, c'est-à-dire qu'une personne qui souscrit un tel contrat est certaine qu'à son décès, et ce, quelle que soit la date, les bénéficiaires du contrat recevront un capital. La prime peut être payée sous forme de versement unique ou périodique.

Exemple : *M. Touré souscrit un contrat type vie entière pour un capital garanti de 50 millions de FCFA, auprès d'un assureur, pour protéger financièrement son épouse bénéficiaire du contrat. Grâce à cela, quelle que soit l'année du décès, l'assureur versera à son épouse le capital de 50 millions de FCFA.*

3.2. La temporaire décès

À l'inverse du contrat vie entière, ici, l'engagement de l'assureur est limité dans le temps. Dans ce type de contrat, l'assureur s'engage à payer un capital au décès d'un assuré sur une période déterminée. Une temporaire décès peut être souscrite pour 1, 2, 3, *n* années.

L'engagement de l'assureur est à durée limitée. C'est typiquement ce type de contrat que les entreprises souscrivent pour leurs salariés, puisqu'ils sont assurés le temps de leur présence en entreprise.

Exemple : *M. Kaba, 40 ans, souscrit un contrat d'assurance dans lequel l'assureur s'engage à payer à ses bénéficiaires (épouse et enfants) un capital de 100 millions de FCFA s'il décède au cours de l'année qui suit la souscription de son contrat.*

3.3. Temporaire décès à capitaux décroissants

C'est une temporaire décès qui est souscrite généralement en couverture des prêts bancaires. En effet, dans ce genre de contrat, l'assureur s'engage à se substituer à l'assuré pour le remboursement de son emprunt s'il venait à décéder. Le capital assuré est donc le montant restant dû à la date du décès. Les remboursements successifs du prêt permettent de réduire au fil du temps les engagements de l'assureur, d'où les termes « capitaux décroissants ». L'engagement de l'assureur décroît au fur et à mesure que l'assuré emprunteur rembourse le prêt.

Exemple : *M. Kodjo prend un prêt de 20 millions remboursable sur 5 ans à la banque. Il souscrit pour cela un contrat temporaire décès appelé aussi Assurance emprunteur sur la durée du prêt, 5 ans. Si M. Kodjo décède avant d'avoir fini de rembourser le prêt, c'est l'assureur qui rembourse à sa place. Par exemple, si au moment du décès, il reste 2 millions de FCFA à rembourser, l'assureur ne paiera que ces 2 millions.*

En Afrique, avec l'accroissement des travailleurs indépendants, adossé à l'évolution massive de la création de petites et moyennes entreprises et à la demande grandissante de couverture de risques de plusieurs corps de métiers, même ceux des praticiens de l'économie informelle, le sujet de la prévoyance apparaît plus que jamais comme une opportunité d'affaires sûres pour les compagnies d'assurance. Aujourd'hui, être prévoyant pour un ménage africain en activité stable ou dans le secteur informel signifie se garantir une protection solide contre les périls imprévisibles et incertains de l'existence. C'est dans ce contexte que l'assurance est ainsi appréciée comme une alliée sûre dans la construction d'un avenir serein.

Dans le domaine des assurances, et plus particulièrement l'assurance d'invalidité et de décès, la notion de prévoyance implique toutes les formes de contrats et de garanties susceptibles de couvrir les risques sociaux liés à la vie d'une personne. Il s'agit notamment des aléas lourds qui empêchent un individu de poursuivre son activité professionnelle, temporairement ou définitivement. Il peut s'agir des maladies et/ou des accidents, de la dépendance, de l'invalidité et de la mort.

Les maladies et les accidents peuvent entraîner des périodes d'inactivité. Dans certains pays, le système de sécurité sociale permet d'obtenir une indemnité mensuelle, ne couvrant généralement pas la totalité des besoins de la personne.

L'invalidité peut provoquer une perte de la capacité de travail et de revenus. En cas d'invalidité, le ménage se trouve confronté à des difficultés pour poursuivre son travail, ce qui entraîne une baisse de ses revenus.

L'assurance de dépendance quant à elle donne le droit à une personne dépendante de bénéficier d'une enveloppe mensuelle pour faire face à ses charges. Si l'assuré devient dépendant, il perçoit la prestation prévue, soit sous forme de rente mensuelle, soit sous forme de capital. Le versement de la prestation est, le plus souvent, accompagné de services d'assistance.

Le décès se manifeste par un arrêt définitif de la vie (mort de la personne), donc naturellement par une suspension de toute activité génératrice de revenus. La personne décédée n'a plus aucun droit dans la société.

La zone CIMA, regroupant plusieurs pays d'Afrique de l'Ouest et du Centre, bénéficie de compagnies d'assurance qui s'adaptent aux spécificités locales en proposant une gamme diversifiée de produits. L'assurance vie demeure au cœur de leurs offres commerciales, proposant ainsi des solutions variées telles que des polices temporaires ou entières, combinant des prestations de décès et des avantages liés à l'investissement.

En conclusion, retenons que dans la zone CIMA, les structures d'assurance offrent un modèle d'assurance prévoyance orienté couverture des risques d'invalidité et de décès. Dans certains pays, la prévoyance s'étend à la maladie et à la dépendance, l'assurance santé étant relativement aisée à appréhender et la dépendance n'étant pas encore une garantie proposée par les assureurs de la zone.

Dans cette partie du livre, le traitement des assurances de prévoyance liées à la maladie et à la dépendance est écarté du champ d'intervention pour les raisons citées plus haut. Pour rester dans la logique des offres des compagnies d'assurance d'Afrique de la zone CIMA, il sera traité uniquement l'assurance prévoyance liée aux risques d'invalidité et de décès.

III

L'assurance de prévoyance : invalidité et décès

L'assurance prévoyance de couverture des risques d'invalidité et de décès est un instrument de protection sociale dans la mesure où les sommes à recevoir viennent en complément de revenus des régimes légaux et obligatoires.

L'assurance prévoyance de couverture des risques d'invalidité et de décès constitue un mécanisme essentiel visant à fournir une sécurité financière en cas d'événements imprévus. Lorsque l'assuré fait face à une invalidité, cette forme d'assurance prévoyance intervient en offrant des prestations financières régulières ou un montant forfaitaire. Ces ressources sont spécifiquement destinées à couvrir les divers coûts associés à l'invalidité, tels que les frais médicaux et les ajustements du mode de vie.

En cas de décès de l'assuré, l'assurance prévoyance entre en action en versant une prestation financière aux bénéficiaires désignés. Cette prestation, souvent exonérée d'impôts, vise à garantir une stabilité financière aux bénéficiaires, prenant en charge des dépenses importantes comme les funérailles, les dettes, et les besoins quotidiens.

Le fonctionnement de l'assurance prévoyance implique que les assurés s'acquittent de primes régulières envers la compagnie d'assurance pour maintenir la couverture. Ces primes peuvent être fixes ou variables, selon les exigences du contrat et les options choisies par l'assuré. Les polices d'assurance prévoyance offrent souvent une flexibilité significative avec des options personnalisées, permettant aux ménages de sélectionner des caractéristiques spécifiques en fonction de leurs besoins. Cela englobe des prestations d'invalidité spécifiques, des choix liés aux paiements des primes, ou d'autres ajustements selon les circonstances individuelles.

Quant à la durée de la couverture, elle peut varier en fonction du type de contrat. Il convient de signaler que certains contrats offrent une protection à vie, tandis que d'autres sont limités à une période déterminée. En somme, l'assurance prévoyance de couverture des risques d'invalidité et de décès se présente comme un filet de sécurité financier, par le degré de tranquillité d'esprit et la protection adéquate aux personnes physiques et à leurs familles face à l'incertitude inhérente à la vie qu'il procure.

L'importance de l'assurance prévoyance dans la couverture des risques d'invalidité et de décès réside dans sa capacité à atténuer les conséquences financières difficiles associées à ces événements imprévus. En fournissant un soutien financier continu en cas d'invalidité, elle offre une aide précieuse pour faire face aux dépenses médicales et aux ajustements nécessaires au mode de vie. De même, en cas de décès, elle garantit une assistance financière cruciale aux bénéficiaires, allégeant le fardeau des coûts liés aux funérailles, aux dettes et aux dépenses quotidiennes.

Pour poursuivre dans la même lancée, il est important de souligner que cette forme d'assurance prévoyance joue un rôle essentiel dans la gestion des incertitudes de la vie. Les bénéfices versés en cas d'invalidité ou de décès sont souvent indispensables pour préserver le bien-être financier des proches et garantir une transition en douceur pendant les moments difficiles.

Les options personnalisées offrent une flexibilité précieuse, permettant aux assurés d'ajuster leur contrat en fonction de leurs circonstances changeantes. Ces options peuvent inclure des dispositions spécifiques pour les prestations d'invalidité, des ajustements de primes, ou d'autres caractéristiques adaptées aux besoins individuels.

Par ailleurs, l'évolution constante des politiques et des innovations dans le domaine de l'assurance prévoyance souligne la nécessité d'une éducation continue des assurés. Comprendre pleinement les termes et conditions de la police, ainsi que les droits et obligations de l'assuré demeure crucial pour garantir une expérience d'assurance transparente et satisfaisante.

En somme, l'assurance prévoyance de couverture des risques d'invalidité et de décès représente un pilier essentiel de la planification financière globale. En anticipant les défis liés à l'invalidité et au décès, elle offre une sécurité financière bienvenue, soulignant ainsi son rôle de premier ordre dans la protection du bien-être économique des personnes et de leur famille.

Cette assurance prévoyance répond à la réalité qui fait que la vie est imprévisible, et représente ainsi une bouée de sauvetage financière en cas de circonstances contraignantes. Les bénéficiaires désignés peuvent compter sur cette protection pour atténuer les défis financiers liés à l'invalidité ou au décès de l'assuré.

Il est recommandé aux potentiels clients d'examiner attentivement les différentes offres disponibles sur le marché, de comprendre les détails spécifiques de chaque contrat, et de sélectionner celui qui correspond le mieux à leurs besoins et à ceux de leur famille. Les conseillers en assurance peuvent jouer un rôle crucial en guidant les assurés tout au long du processus de sélection et en fournissant des conseils personnalisés.

L'assurance prévoyance de couverture des risques d'invalidité et de décès s'affirme comme un instrument indispensable dans la palette des produits d'assurance. Elle incarne la prévoyance financière, offrant une protection essentielle contre les éventualités de la vie, et contribuant ainsi à une tranquillité d'esprit accrue pour les assurés et leurs proches.

Les institutions de prévoyance sociale en Afrique jouent un rôle primordial dans la protection financière des citoyens face aux risques sociaux. La Caisse Nationale de Sécurité Sociale (CNSS) au Sénégal, par exemple, s'engage à gérer la sécurité sociale en couvrant des domaines tels que la maladie, la maternité, les accidents du travail et la retraite. De même, la CNSS au Maroc administre des régimes de sécurité sociale complets, englobant les soins de santé, les allocations familiales, les pensions de retraite et l'assurance contre les accidents du travail.

En Tunisie, l'Office National des Assurances Sociales (ONAS) assume la responsabilité de la gestion de la sécurité sociale, incluant des prestations liées à la maladie, la maternité, l'invalidité, la vieillesse et les allocations familiales. De l'autre côté du continent, le National Social Security Fund (NSSF) au Kenya sert de pilier dans l'administration des régimes de sécurité sociale, couvrant des prestations telles que la retraite, l'invalidité, les survivants et les soins de santé.

L'Office Ivoirien de la Prévoyance Sociale (OIPS) en Côte d'Ivoire joue un rôle central dans la gestion de la sécurité sociale, offrant des prestations telles que les soins de santé, les allocations familiales et les pensions de retraite. La National Pension Commission (PenCom) au Nigeria réglemente et développe les pensions professionnelles, assurant une couverture adéquate aux travailleurs. De même, le Social Security and National Insurance Trust (SSNIT) au Ghana et la Social Security Commission (SSC) en Namibie administrent des régimes de sécurité sociale offrant des prestations de retraite, de survie, d'invalidité et de soins de santé aux assurés.

Ces institutions de prévoyance sociale visent à atténuer les risques sociaux et à fournir une protection financière aux citoyens, soulignant l'importance des structures spécifiques mises en place par chaque pays pour répondre à ses besoins particuliers en matière de sécurité sociale.

Dans nos pays, la couverture obligatoire de la prévoyance sociale est gérée par les institutions de prévoyance, comme CNSS au Togo et en Guinée, CNPS en Côte d'Ivoire…

En France, par exemple, c'est la Sécurité sociale qui s'occupe de cet aspect. En matière d'invalidité et de décès, l'assuré ou ses proches désignés reçoivent des indemnités. Il faut signaler que les sommes à percevoir sont dans une certaine mesure, insuffisantes et ne permettent pas de stabiliser la famille. Ce qui justifie la pertinence pour un ménage en activité de souscrire une assurance prévoyance pour combler le manque à gagner, afin d'assurer une meilleure sécurité pour le foyer en cas d'invalidité ou de décès.

IV

Les types d'assurance dans le cadre de l'assurance prévoyance de couverture des risques d'invalidité et de décès

En Afrique, l'assurance prévoyance de couverture des risques d'invalidité et de décès propose une palette diversifiée de produits pour répondre aux besoins spécifiques des assurés. L'assurance invalidité offre des prestations en cas d'incapacité, qu'elle soit temporaire ou permanente, par des paiements réguliers ou un montant forfaitaire pour aider à couvrir les dépenses liées à l'invalidité, notamment les soins médicaux et d'autres contraintes majeures. D'autre part, l'assurance décès assure une protection financière aux bénéficiaires désignés, couvrant diverses dépenses telles que les frais funéraires et les besoins quotidiens des personnes à charge.

Certains produits d'assurance prévoyance en Afrique sont plus complets, tels que l'assurance double effet, qui combine la couverture de l'assurance vie et de l'assurance invalidité pour une protection intégrale en cas de décès ou d'invalidité.

Ces diverses offres témoignent de la variété des solutions d'assurance prévoyance disponibles en Afrique, permettant aux assurés de choisir des options qui correspondent le mieux à leurs attentes et à leurs objectifs financiers individuels.

Ces divers types d'assurance prévoyance en Afrique reflètent la flexibilité et l'adaptabilité du secteur de l'assurance pour répondre aux besoins variés de la population. L'assurance mixte, notamment, offre une approche holistique en combinant des éléments d'assurance en cas de vie et en cas de décès.

Il est essentiel de confirmer que ces produits d'assurance prévoyance ne se limitent pas à la simple couverture des risques d'invalidité et de décès, ils visent également à apporter une dimension d'épargne et d'investissement. Cette approche complète reflète une compréhension approfondie des réalités économiques et sociales des assurés en Afrique.

Ce qu'il faut retenir

Les types d'assurance prévoyance disponibles en Afrique sont de deux catégories : l'assurance prévoyance invalidité et l'assurance prévoyance décès. Chacune des assurances joue pleinement son rôle dans la société et les ménages choisissent leur couverture en fonction de leur situation et de leurs ambitions.

Ces orientations illustrent la volonté de l'industrie des assurances de s'adapter aux besoins complexes de la population africaine tout en offrant une protection financière et une tranquillité d'esprit face à l'incertitude de la vie. Ces produits témoignent d'une approche inclusive, répondant à des besoins spécifiques tout en intégrant des éléments culturels et économiques propres aux pays du continent.

V

Les réactions tragiques de notre vie

Au-delà de la réaction face à des événements tragiques, l'assurance vie permet une anticipation des risques. Elle agit comme un bouclier financier en prévenant les crises futures et en offrant une protection proactive contre les aléas de la vie tels que les maladies graves ou l'invalidité.

1. L'assurance couvrant le risque de décès

Le décès d'une personne est un événement tragique et douloureux pour ses parents, amis et connaissances. Le décès est imprévisible, donc il peut survenir à tout moment de notre existence. Enfants, adolescents, jeunes, adultes et vieux, la mort ne prévient pas, donc être clairvoyant en choisissant de souscrire une assurance de protection devient un impératif pour préserver ses proches.

2. L'assurance prévoyance du risque décès : c'est quoi concrètement ?

C'est un contrat qui sert à garantir le soutien financier des membres du foyer d'un défunt souscripteur. Ce contrat est différent de celui de l'assurance en cas de vie qui représente une épargne avec laquelle le bénéficiaire vise à constituer un capital à récupérer partiellement et totalement dans un délai ultérieur.

L'assurance prévoyance décès est un contrat qualifié de « pacte à fonds perdu », car elle ne donne pas droit à l'accumulation d'un capital. Au terme du contrat, si aucun risque ne s'est produit (invalidité et/ou décès), l'assuré ne peut pas récupérer les montants versés, car il ne s'agit pas d'une épargne.

Raisonnement : cas de décès d'un conjoint

En cas de décès d'un conjoint, par exemple, la vie continue. Les charges familiales restent dues quel que soit le contexte. Le loyer de la maison, les charges locatives, les dépenses de consommation courantes, les frais de scolarité des enfants et les autres charges non prévues sont des factures à payer aux dates échues. En plus de ces obligations, la famille du défunt doit préparer des obsèques pour honorer la mémoire de la personne décédée et faire face aux frais liés à la succession. Ces opérations nécessitent des sommes d'argent record, dont le financement s'avère difficile à boucler. Étant donné que la famille africaine accorde beaucoup d'importance aux cérémonies funèbres, cette situation se traduit par l'existence d'un marché porteur en plein essor.

Aujourd'hui, on peut noter que nombre de familles africaines sont attirées par l'assurance prévoyance couvrant le risque de décès, qui est un modèle de contrat qui vise à sécuriser financièrement le conjoint survivant et à préserver l'avenir des membres du foyer. C'est une forme de compromis qui peut éviter la fragilisation de la famille en cas de perte de l'un des conjoints. Cette manœuvre permet de disposer de ressources importantes pour répondre aux dépenses immédiates liées au décès du souscripteur. On peut citer notamment, entre autres, les frais d'organisation des funérailles, les droits de succession et les dépenses courantes de la famille.

On parle « d'assurance en cas de vie » lorsqu'on parle d'épargne exacte. Ici, il s'agit d'assurance en cas de décès. L'objet de cette assurance est de verser au(x) bénéficiaire(s) désigné(s) un capital fixé à l'avance ou calculable en fonction des paramètres définis au contrat.

VI

Les termes d'un contrat d'une assurance couvrant le risque de décès

Introduction

C'est un contrat de droits et d'obligations qui est symbolisé par le versement de primes à la compagnie d'assurance qui, en contrepartie, décaissera un capital ou une rente pour le compte des bénéficiaires que l'assuré à choisis, suite à son décès. Le lien de parenté entre le souscripteur et les bénéficiaires n'est pas obligatoire. Les ayants droit du capital d'une souscription d'une assurance prévoyance décès peuvent être des amis, des proches, une société ou toute autre personne sur laquelle le signataire porte son choix.

En concluant une assurance de prévoyance décès à titre individuel, l'assuré opte pour éviter des problèmes financiers pour une mesure de précaution afin de préserver sa famille.

Les termes d'un contrat d'assurance couvrant le risque de décès, communément appelé « assurance vie », comprennent plusieurs éléments essentiels qui définissent les droits, les obligations et les conditions de couverture entre l'assuré et la compagnie d'assurance.

Voici les termes clés que l'on retrouve généralement dans un tel contrat :

Prime d'assurance : il s'agit du montant que l'assuré doit payer régulièrement à la compagnie d'assurance pour maintenir la couverture. Les primes peuvent être uniques, mensuelles, trimestrielles, annuelles, etc.

Montant de la couverture (capital assuré) : c'est le montant que la compagnie d'assurance s'engage à verser aux bénéficiaires désignés en cas de décès de l'assuré. Il représente la somme assurée pour laquelle l'assurance vie est souscrite.

Bénéficiaire : il s'agit de la personne ou des personnes désignée(s) par l'assuré pour recevoir les prestations en cas de décès. Les bénéficiaires peuvent être des membres de la famille, des amis, ou d'autres personnes spécifiquement identifiées.

Période de validité (durée du contrat) : certains contrats d'assurance vie sont temporaires (par exemple, 10, 20 ou 30 ans), tandis que d'autres offrent une couverture à vie. La période de validité détermine la durée pendant laquelle la police d'assurance est en vigueur.

Exclusions : les contrats d'assurance vie peuvent comporter des exclusions, c'est-à-dire des situations spécifiques dans lesquelles la compagnie d'assurance n'indemnisera pas en cas de décès. Par exemple, le suicide pendant la première année du contrat peut être exclu.

Options de paiement : certains contrats offrent des options de paiement flexibles, permettant à l'assuré de choisir la fréquence des paiements ou d'ajuster le montant des primes.

Valeur de rachat : certains contrats d'assurance vie permanente accumulent une valeur de rachat au fil du temps. Cela signifie que l'assuré peut retirer une partie de la valeur accumulée du contrat avant le décès.

Clause de non-contestation : cette clause stipule que passé un certain délai (généralement deux ans depuis le début du contrat), la compagnie d'assurance ne peut pas contester les déclarations faites par l'assuré dans le cadre de la demande d'assurance.

Avenant : ce sont des ajouts facultatifs au contrat qui peuvent offrir des avantages supplémentaires, tels que la couverture contre des maladies graves ou des options d'augmentation de la couverture.

Échéance : la date à laquelle le contrat prend fin, soit à la fin de la période spécifiée (pour les contrats temporaires), soit au décès de l'assuré (pour les contrats à vie).

Il est essentiel pour l'assuré de comprendre tous ces termes avant de souscrire une assurance vie, et si nécessaire, de consulter un professionnel de l'assurance pour clarifier toute question. Cela garantit une prise de décision éclairée et une compréhension des droits et des responsabilités de toutes les parties.

Dans le cadre d'une assurance vie, plusieurs aspects contractuels revêtent une importance significative pour les assurés. Les options de conversion offrent la possibilité, dans le cas des contrats temporaires, de convertir la couverture en une assurance vie permanente sans nécessiter de nouvel examen médical. Pour les polices participantes, des dividendes peuvent être versés, augmentant ainsi la valeur de la police d'assurance, remboursant des primes ou pouvant être retirés par l'assuré. Les modalités de paiement des prestations en cas de décès définissent la manière dont les bénéficiaires recevront les paiements, que ce soit en versements échelonnés, en paiements forfaitaires ou d'autres modalités spécifiques.

Une clause de suicide peut être présente, limitant ou excluant les prestations si l'assuré se suicide dans un délai spécifié après la souscription du contrat. Les conditions de résiliation du contrat avant son échéance, la possibilité de résilier le contrat à tout moment, les modalités de renouvellement pour les polices d'assurance temporaires, ainsi que la nécessité de fournir une déclaration médicale détaillée et de subir des examens médicaux font partie intégrante du contrat. Enfin, les conditions générales regroupent des dispositions légales, des définitions spécifiques et d'autres clauses contractuelles.

La lecture attentive de ces termes, la clarification des interrogations et la pleine compréhension des implications financières pour l'assuré et ses bénéficiaires sont cruciales. Les contrats d'assurance, en tant que documents légaux contraignants, requièrent une compréhension préalable pour éviter des complications futures.

1. Les clauses particulières d'un contrat d'assurance vie

Les clauses particulières d'un contrat d'assurance vie, spécifiquement conçues pour couvrir le risque de décès, revêtent une importance cruciale dans la compréhension et l'application du contrat. La clause des bénéficiaires constitue l'une des pierres angulaires de ces dispositions, détaillant avec précision les personnes ou entités destinataires des prestations en cas de décès de l'assuré. Elle peut également stipuler des bénéficiaires de secours en cas de décès simultané ou suivant un ordre prédéfini.

Un autre élément souvent intégré est la clause de délai de carence, établissant une période pendant laquelle la couverture du décès n'est pas pleinement opérationnelle. Ce mécanisme vise à éviter les abus potentiels et à assurer une certaine stabilité financière pour l'assureur.

La clause de suicide précise les conditions dans lesquelles la prestation de décès sera versée en cas de décès auto-infligé. Il est fréquent qu'une exclusion de garantie soit appliquée pour les suicides survenant dans les premières années du contrat.

La clause d'exclusion, quant à elle, dresse la liste des circonstances dans lesquelles la couverture ne s'applique pas. Elle peut inclure des activités illégales, la participation à des conflits armés, ou d'autres situations spécifiquement exclues.

Dans certains contrats, la clause de double indemnisation en cas d'accident prévoit le versement d'une prestation supplémentaire en cas de décès accidentel, en plus du montant de base.

La clause de rente éducation est conçue pour offrir un soutien financier continu aux bénéficiaires spécifiques, comme les enfants, afin de garantir leur éducation en cas de décès de l'assuré.

Certains contrats peuvent également comporter une clause d'avance ou d'emprunt, permettant à l'assuré de demander une avance sur la valeur de rachat de l'assurance en cas de besoin financier pressant.

Enfin, la clause de conversion offre à l'assuré la possibilité de convertir une partie ou la totalité de la prestation de décès en rente viagère, offrant ainsi une source de revenus régulière plutôt qu'un paiement unique.

Il est impératif pour les souscripteurs de prendre connaissance de ces clauses particulières, car elles influent significativement sur les prestations et les conditions du contrat. Dans cette perspective, la consultation et les avis d'un expert des assurances sont fortement recommandés pour obtenir des éclaircissements approfondis sur chacune de ces dispositions.

L'assuré est l'individu sur lequel le contrat a été souscrit, c'est-à-dire la personne dont la vie, les actes ou les biens font l'objet d'une garantie par le contrat d'assurance. En général, le souscripteur du contrat est l'assuré. Cependant, il est possible de différencier les deux statuts. Le souscripteur désigne l'assuré qui, lui, doit en retour donner un consentement écrit au contrat concerné.

1.1. Qui peut souscrire à une assurance décès et à quel moment de sa vie ?

Ici, nous traitons le profil du potentiel assuré, l'âge minimum et l'âge maximum pour prétendre à signer un contrat d'assurance de prévoyance afin de couvrir le risque de décès.

Profil : l'assuré doit jouir de ses facultés mentales pour pouvoir prétendre à la conclusion d'un accord de souscription d'un contrat d'assurance décès.

Âge : La souscription à un contrat d'assurance requiert la majorité. Toutefois, dans la zone CIMA, une assurance décès peut être contractée au profit d'un mineur de plus de 12 ans, sous réserve du consentement de ses parents ou de son tuteur légal.

Revenus : le niveau de revenus de l'assuré est d'une importance capitale en matière de souscription d'un contrat de prévoyance pour couvrir le risque de décès, ainsi que les montants retenus en guise de cotisations. Pour les personnes ayant des revenus conséquents, elles peuvent choisir un contrat de prévoyance plus performant, en optant pour des versements de primes importants.

Plus les cotisations du souscripteur sont élevées, plus le contrat est intéressant.

État de santé : les assureurs encadrent l'état de santé des souscripteurs pour minimiser les risques et les fraudes. Selon le montant des capitaux souscrits, l'assureur peut exiger des examens médicaux avant la conclusion du contrat.

1.2. À quoi sert une assurance couvrant le risque décès ?

Elle sert à garantir une assise financière à travers le versement d'un capital ou d'une rente à des bénéficiaires qui ont été volontairement choisis par le défunt souscripteur.

1.3. Le montant du capital décès

La valeur du capital à transmettre aux bénéficiaires désignés est déterminée au moment de la naissance du contrat. Il tient compte de la rémunération annuelle de l'assuré et de sa situation familiale. Le capital dû est réglé une seule fois ou sous forme de rente et offre une protection supplémentaire à la famille.

Remarque importante

Dans les exigences du contrat, il est bien stipulé que si l'incident retenu dans les clauses ne se réalise pas, l'assureur ne verse aucune compensation financière. C'est la particularité des assurances de prévoyance décès et invalidité. Il convient de préciser que certaines variantes peuvent être introduites à cette garantie de base, par exemple, le doublement du capital prévu en cas de décès accidentel ou un capital à déterminer en fonction de certaines données, tel qu'un multiple du dernier salaire d'activité.

Cas pratique

Je me remémore toujours ces paramètres sociétaux :

- le nombre de foyers africains se retrouvant à la rue suite au décès du pourvoyeur de ressources à la famille ;

- la croissance du nombre d'enfants qui ont dû écourter leurs études faute de moyens financiers pour faire face aux frais de scolarité, suite au décès du parent payeur ;

- les difficultés pour rassembler les fonds nécessaires afin d'organiser les funérailles plongent les proches dans une situation délicate. Certaines familles jonglent avec les moyens du bord. De mon expérience personnelle, j'ai pu découvrir des familles qui ont dû aliéner leurs biens suite au décès d'un membre de la famille pour organiser des obsèques.

- Combien de planteurs (l'exemple de la Côte d'Ivoire est illustratif d'enseignements) ont dû hypothéquer ou perdre leurs plantations suite à un décès brutal ?

- Combien de fonctionnaires ou salariés du privé ont dû avoir recours aux usuriers pour financer les obsèques d'un parent pour éviter d'être la risée du village ou de la communauté en général ?

Toutes ces préoccupations doivent nous inspirer à ouvrir les portes d'une bonne réflexion sur la nécessité de prendre une assurance prévoyance au cours de sa vie pour se prémunir des risques d'invalidité et de décès et pour assurer également une bonne protection de ses proches.

Pour étayer mon propos, je vous partage deux études de cas, des mises en situation professionnelle : le cas d'un prospect guinéen et le cas d'un ami proche que je nommerai respectivement monsieur Yaya et monsieur Koffi, pour préserver leur intimité familiale. Je vous présente ces exemples à la fois avec beaucoup tristesse et de passion. Tristesse parce que ces êtres chers nous ont quittés. Permettez-moi de vous dire aussi que j'ai perdu un ami, un merveilleux père de famille.

Cas numéro 1 : Monsieur Yaya

Le regretté monsieur Yaya, de nationalité guinéenne, était un père de famille heureux. De son vivant, il aimait travailler et se challenger professionnellement pour réaliser ses objectifs de travail. Monsieur Yaya s'engageait dans des actions humanitaires pour contribuer au rayonnement de son pays. Il était marié et père de quatre enfants. Le 15 janvier 2017, monsieur Yaya décède subitement en laissant derrière lui une famille de cinq personnes à charge. Un événement douloureux qualifié de tragédie, que la famille ne pouvait guère prévoir. Il était bien portant, il ne donnait aucun signe de maladie.

Enseignements à tirer

La situation de monsieur Yaya, qui n'avait pas souscrit à une assurance vie, souligne l'importance de planifier financièrement l'avenir de sa famille. Placer uniquement sa confiance sur le caractère « *Inchallah* » (« si Dieu le veut ») peut être insuffisant pour assurer la sécurité financière de la famille en cas de décès prématuré.

Je précise que je suis croyant et respecte toutes les personnes qui croient en notre Seigneur. Cependant, se préparer à affronter des risques est impératif également. Tout ceci pour dire que je vote pour *Inchallah* avec des options de garanties via l'assurance vie pour faire face aux risques.

Certains enseignements à tirer pourraient inclure :

L'importance de l'assurance vie : ce cas met en lumière la nécessité d'envisager un contrat de type assurance vie pour protéger ses proches financièrement en cas de décès. Une assurance vie peut fournir un soutien financier garantissant que la famille a les moyens de subvenir à ses besoins, rembourser des dettes éventuelles, et assurer la continuité des études des enfants.

Évaluation des besoins financiers : il est essentiel d'évaluer correctement les besoins financiers de la famille en cas de disparition prématurée du soutien principal. Cela inclut les dépenses courantes, les dettes, les frais d'éducation et éventuellement des fonds pour les projets futurs.

Communication et planification familiale : la planification financière devrait être discutée en famille, et il est crucial que tous les membres comprennent la situation financière et les mesures prises pour les protéger.

Cela peut éviter des situations difficiles en cas de décès inattendu.

Diversification des sources de soutien : ne pas dépendre uniquement du revenu d'une personne peut atténuer les difficultés financières en cas de décès. Les investissements, l'épargne et d'autres sources de revenus peuvent contribuer à une sécurité financière globale.

En résumé, le cas de monsieur Yaya souligne l'importance de la planification financière et de la protection par le biais de l'assurance vie pour garantir la sécurité de la famille en cas d'événements inattendus.

Cas pratique 2 : Monsieur Koffi

Monsieur Koffi, un cadre dirigeant dynamique dans le secteur des assurances, a toujours été conscient des risques auxquels sa famille pourrait être confrontée en cas de décès prématuré. Conscient des défis sociétaux liés au manque de protection financière, il a pris la décision de souscrire à une assurance prévoyance pour garantir la sécurité financière de sa famille en cas de drame.

Voici son histoire :

Monsieur Koffi était un homme dévoué à sa famille. Mari aimant et père de trois enfants, il avait conscience de sa responsabilité en tant que pourvoyeur principal des ressources du foyer. Un jour, cependant, la vie a pris un tournant inattendu. M. Koffi a été victime d'un accident tragique, le laissant gravement blessé et incapable de travailler.

Face à cette situation difficile, l'assurance prévoyance qu'il avait souscrite a joué un rôle considérable. Les avantages de son assurance ont permis à sa famille de maintenir un niveau de vie décent malgré la perte de revenus due à son incapacité à travailler. Les fonds ont été utilisés pour couvrir les frais médicaux, les dépenses quotidiennes, et assurer que ses enfants continuent leurs études sans interruption.

Cette tragédie aurait pu être un double drame si M. Koffi n'avait pas pris la décision avisée de s'assurer. Dans le cas contraire, sa famille aurait peut-être été confrontée aux mêmes difficultés que celles observées dans d'autres foyers africains :

- famille sans ressources après la perte du pourvoyeur principal : l'assurance prévoyance a permis à la famille de M. Koffi d'éviter de se retrouver sans ressources, maintenant ainsi le niveau de vie nécessaire pour couvrir les dépenses essentielles ;
- éducation des enfants préservée : grâce à l'assurance, les enfants de M. Koffi ont pu poursuivre leurs études sans interruption, évitant ainsi une augmentation du nombre d'enfants forcés d'écourter leur scolarité en raison de contraintes financières ;
- frais funéraires couverts : les fonds de l'assurance ont également contribué à couvrir les coûts des funérailles, évitant à la famille de devoir jongler avec des ressources limitées ou vendre des biens pour organiser des obsèques dignes.

Leçon à tirer de l'histoire de monsieur Koffi

Le cas de monsieur Koffi nous renseigne sur l'importance de souscrire à une assurance prévoyance pour se prémunir contre les risques d'invalidité et de décès. Les enseignements tirés de cette histoire incluent :

- l'anticipation des risques : la vie est imprévisible et la prise de conscience des risques potentiels permet une planification adéquate ;
- la protection de la stabilité financière familiale : l'assurance prévoyance offre une protection financière essentielle, assurant que la famille peut maintenir un niveau de vie décent malgré les circonstances difficiles ;
- la garantie de l'éducation des enfants : la souscription à une assurance prévoyance peut jouer un rôle crucial dans la préservation de l'éducation des enfants en assurant la continuité des études.

En résumé, l'histoire de monsieur Koffi souligne la nécessité d'une planification financière prudente et de la souscription à une assurance prévoyance pour assurer la sécurité et la stabilité financière de sa famille en cas de drame inattendu.

2. L'assurance prévoyance couvrant le risque d'invalidité

Définition

L'assurance invalidité en Afrique est une forme de couverture d'assurance qui vise à fournir une protection financière à un individu en cas d'invalidité. Cette forme d'assurance intervient lorsque l'assuré est incapable de travailler en raison d'une invalidité, qu'elle soit temporaire ou permanente, et qu'elle entraîne une perte de revenus. L'objectif principal de l'assurance invalidité est de garantir un filet de sécurité financier à l'assuré et à sa famille pendant la période où il est incapable de subvenir à ses besoins par le travail.

Voici quelques éléments clés liés à l'assurance invalidité en Afrique :

1. **Nature de l'invalidité :** l'assurance invalidité en Afrique peut couvrir différents types d'invalidité, qu'elle soit totale ou partielle, permanente ou temporaire. Les critères spécifiques d'invalidité sont généralement définis dans les conditions du contrat d'assurance.

2. **Prestations :** en cas d'invalidité, l'assurance prévoit le versement de prestations financières régulières à l'assuré, visant à compenser la perte de revenus résultant de son incapacité à travailler.

3. **Évaluation médicale :** pour déclencher les prestations, l'assuré peut être tenu de subir une évaluation médicale afin de déterminer le degré d'invalidité. Les critères médicaux varient en fonction des termes du contrat.

4. **Durée des prestations :** la durée pendant laquelle les prestations d'assurance invalidité sont versées dépend de la nature de l'invalidité. Certains contrats peuvent prévoir des prestations temporaires jusqu'à la guérison ou la reprise du travail, tandis que d'autres peuvent offrir des prestations à long terme, voire jusqu'à l'âge de la retraite.

5. **Exclusions :** les contrats d'assurance invalidité peuvent comporter des exclusions spécifiques, telles que des délais de carence, des exclusions liées à certaines conditions médicales préexistantes ou des activités à risque élevé.

L'assurance invalidité en Afrique, comme ailleurs, est conçue pour atténuer les conséquences financières qui résultent de l'incapacité à travailler en raison d'une invalidité. Elle offre une protection financière essentielle pour aider l'assuré à maintenir un niveau de vie décent et à faire face aux dépenses courantes, médicales et familiales pendant cette période difficile. Les détails spécifiques de l'assurance invalidité peuvent varier en fonction des compagnies d'assurance et des types de contrats proposés sur le marché africain.

3. L'anticipation des risques et la prévention des crises

La gestion proactive des risques et la prévention des crises sont des piliers essentiels pour assurer la résilience des ménages, des organisations et des sociétés face à un monde en perpétuel changement. L'anticipation des risques implique une analyse minutieuse des facteurs pouvant entraîner des situations indésirables, tandis que la prévention des crises repose sur la mise en œuvre de mesures préventives visant à atténuer les impacts potentiels de ces risques. Ensemble, ces concepts forment un socle sur lequel se construisent la sécurité, la stabilité et la durabilité.

Conclusion

L'essence même de l'assurance vie de prévoyance réside dans sa capacité à fournir une protection financière immédiate. En cas de décès prématuré, l'assurance vie intervient en tant que filet de sécurité, offrant des prestations qui peuvent être utilisées pour maintenir le niveau de vie de la famille, rembourser des dettes et assumer des dépenses inattendues. En cas d'invalidité, le contrat assure une protection garantissant des revenus conséquents, à la hauteur des exigences du contrat.

L'assurance vie se révèle être bien plus qu'une conclusion d'affaires entre acteurs d'une société. C'est un outil de prévoyance plus étendu, englobant la protection, l'épargne à long terme et la transmission du patrimoine. Intégrer cette compréhension approfondie de l'assurance vie dans notre parcours financier peut véritablement renforcer notre sécurité financière et celle de nos proches. C'est un compagnon fidèle dans la construction d'un avenir financier solide et résilient.

Partie IV

L'assurance vie, outil de développement économique

Dans cette partie introductive de la quatrième partie du livre :

- d'une part, nous nous appuierons sur le mode de financement externe de la plupart des pays du continent africain, les conditions d'octroi des crédits, les exigences des agences de notation pour délivrer des satisfécits, les limites du système financier international pour armer les économies africaines à faire face à leurs défis ;

- et d'autre part, nous démontrerons qu'il est possible d'inventer de nouveaux mécanismes de modèles de financement à travers l'assurance vie, dans le but de booster l'économie africaine. Il existe plusieurs opportunités dans le secteur de l'assurance qui peuvent faire l'objet d'une étude approfondie pour garantir plus de ressources internes afin de financer des projets de développement.

L'assurance vie, en plus de sa fonction première de protection des cibles, est un instrument efficace de collecte d'épargne. Les sommes d'argent reçues par les compagnies d'assurance à titre de primes auprès des assurés obéissent à des règles d'utilisation strictes. Ainsi, vu ses caractéristiques aléatoires et les obligations réciproques, le contrat d'assurance vie doit être sécurisé. D'où l'intervention des pouvoirs publics pour réguler le secteur afin de limiter les risques de rupture de confiance entre l'assureur et l'assuré. Le défaut de paiement d'une compagnie peut entraîner une mauvaise image de celle-ci et la perte de potentiels clients.

C'est pourquoi les États de l'espace CIMA imposent aux assureurs d'investir dans des supports tels que les obligations d'État, l'achat d'actions, les dépôts à terme, entre autres supports financiers sécurisés.

En résumé, en consacrant un chapitre du livre au thème « l'assurance vie, outil de développement économique », nous souhaitons sensibiliser les États africains sur la nécessité de mettre en place des mesures incitatives pour permettre au secteur de d'assurance de collecter davantage de ressources, donc plus d'épargne. Cette situation est avantageuse pour ces États, car elle permettra d'avoir des suppléments de trésorerie disponibles pour renforcer les besoins de fonctionnement et ceux liés à l'investissement public.

Raisonnement

Un État africain initie une politique d'assurance vie obligatoire aux praticiens de l'économie informelle. Pour tester le projet et le vulgariser sur une étendue nationale, une seule branche du pays, à savoir, les agriculteurs de bananes plantains, est prise en compte.

Imaginons que dans ce cas précis pris pour exemple, il existe 400 000 professionnels de l'agriculture qui évoluent dans le secteur informel. L'État les oblige à cotiser par le versement d'une prime mensuelle de 5000 francs CFA pour préparer leur retraite ou pour faire face à d'autres imprévus. Chaque mois, les compagnies collectent une somme d'argent importante. Le gouvernement de ce pays peut entreprendre une démarche pour utiliser cette disponibilité dans le but de financer des projets d'envergure. Ce double objectif – protection d'une catégorie de la population face aux aléas de la vie et utilisation d'une épargne interne – est une combinaison valable pour réduire le niveau de précarité de 400 000 citoyens et permet d'atténuer la dépendance des pays africains vis-à-vis de la dette extérieure.

I

Introduction

1. Commençons par définir un pays et son mode de fonctionnement

Un pays peut être défini, de façon simple, comme une communauté de personnes vivant sur un même territoire et géré par un État central composé de personnes qui ont la charge d'administrer et de gouverner. Quel que soit le modèle de gouvernance, chaque État s'efforce de répondre aux préoccupations de ses populations en engageant des dépenses liées à la couverture des besoins primaires (santé, éducations, loisirs) et d'autres besoins (paiement des salaires des fonctionnaires, dépenses d'investissement…) qui peuvent assurer une bonne croissance économique, point principal d'un développement harmonieux.

Ce contexte présenté laisse apparaître qu'un État a besoin de moyens financiers pour fonctionner.

Dans le jargon de la comptabilité publique, l'État dispose de deux outils pour remplir ses caisses : les ressources internes et les emprunts. Les ressources internes sont constituées de la collecte des impôts et taxes directs et indirects. Les ressources externes quant à elles se matérialisent par des emprunts contractés auprès des institutions financières internes et des institutions financières externes. Pour les recherches de financements externes, il faut signaler que l'Afrique fait souvent appel à des bailleurs de fonds qui apportent des sommes importantes pour financer son développement. Ainsi expliqué, l'Afrique emprunte sur le marché international pour équilibrer ses dépenses annuelles.

2. Le mécanisme des emprunts contractés auprès des partenaires financiers à l'international

Pour emprunter et financer leurs projets de développement, les pays africains utilisent des ressources internes collectées à travers le circuit économique et s'orientent également sur le marché financier international pour s'endetter, afin de renforcer la taille et le poids de leurs finances.

Sur ce marché mondial, plusieurs bailleurs et institutions financières sont actifs et présentent leurs offres en tenant compte de deux facteurs : le niveau de solvabilité des pays qui s'endettent et le risque crédit. Ces critères sont proposés par des agences de notation financière reconnues par le système financier mondial, et dont la fonction est de délivrer une appréciation pour attester que tel pays et tel autre pays peuvent emprunter suivant telle ou telle condition. En quelque sorte, ces agences attestent du niveau de solvabilité d'un pays.

Il faut signaler que les pays qui obtiennent de bonnes notes s'endettent plus facilement et obtiennent des taux de crédit record. C'est le cas des pays tels que le Liechtenstein, le Danemark, l'Allemagne, la Suisse, la Norvège, les Pays-Bas, la Suède, le Luxembourg, etc. En Afrique, le constat est alarmant. Non seulement les pays empruntent difficilement, mais le coût du crédit est très élevé. Et souvent, dans certains pays, les agences démontrent le risque de défaut de paiement. Dans ces cas de figure, ces pays sont classés à « risque ».

Point sur les agences de notation financière

Une agence de notation financière est une structure privée indépendante dont le rôle est d'évaluer le degré de solvabilité d'une entreprise ou d'un pays. Une bonne note se traduit par l'attractivité et des taux d'intérêt bas.

Il existe plusieurs agences de notation financière dans le monde. Trois d'entre elles sont les plus connues et les plus réputées. Elles ont une grande notoriété. Il s'agit de Standard & Poor's, Moody's, et Fitch. Ces trois structures se partagent 90 % du marché mondial de la notation financière.

Selon plusieurs spécialistes africains, les agences de notation évalueraient mal les économies africaines. Les critères définis pour apprécier le niveau d'endettement et les possibilités de remboursement sont biaisés.

II

L'importance du financement et la dépendance actuelle des États vis-à-vis de l'aide extérieure

Extrait de la *Debt note 2* du FMI d'octobre 2023 :

Les ratios d'endettement public ont augmenté en Afrique subsaharienne. Entre 2012 et 2022, le ratio médian de la dette publique par rapport au PIB s'est accru d'environ 30 points de pourcentage, passant de 28,8 % du PIB à 59,1 %. Cet accroissement est survenu après une décennie de forte diminution de l'endettement grâce à l'initiative en faveur des pays pauvres très endettés (PPTE) et à l'initiative d'allégement de la dette multilatérale. La hausse des ratios d'endettement a été généralisée, survenant dans tous les pays de la région à l'exception de quatre, mais a suivi un rythme très variable : 6 pays ont connu une augmentation de 1 à 20 points de pourcentage, 29 ont enregistré une hausse de 20 à 50 points de pourcentage et 5 pays ont vu une hausse supérieure à 50 points de pourcentage. Le service des intérêts de la dette publique s'est également accru, diminuant les ressources disponibles pour financer les besoins de développement, en passant d'une médiane de 4,6 % des recettes publiques (hors dons) à fin 2012 à 10,4 % à fin 2022. La part des recettes publiques (hors dons) consacrée au paiement des intérêts a augmenté dans 34 pays d'Afrique subsaharienne au cours de cette période, et cette augmentation a dépassé 10 points de pourcentage dans 13 pays.

Cette augmentation de la dette publique s'explique principalement par les déficits budgétaires (avant paiement des intérêts) et par l'impact des ***dépréciations du taux de change****. La croissance économique a permis d'atténuer les pressions sur la dette tandis que les ajustements de l'encours de la dette constatée ont relevé l'endettement, et soulignent l'importance de disposer de données exhaustives et transparentes sur la dette.*

Les ratios d'endettement public et le service de la dette publique extérieure restent tous deux inférieurs aux niveaux atteints à la fin des années 90, avant l'initiative PPTE et l'initiative d'allégement de la dette multilatérale (Chuku Chuku et al.*, 2023, analysent la situation dans les pays à faible revenu). Ils ont toutefois atteint des niveaux qui* ***présentent des risques pour la viabilité de la dette dans plusieurs pays****, et suscitent des débats sur l'éventualité d'une restructuration de la dette.*

Les financements concessionnels de la part des partenaires publics diminuent *également à long terme par rapport à la taille des économies et aux besoins de financement.*

Les conditions financières internationales se sont récemment durcies, et le financement sur le marché s'est tari ou est devenu très onéreux pour de

***nombreux pays d'Afrique subsaharienne**, ce qui augmente les risques de refinancement à mesure que la dette se rapproche de son échéance et oblige les pays à faire des choix stratégiques difficiles pour rester à jour du remboursement de leur dette.*

*Les créanciers de la région ont également changé au fil du temps, ce qui présente des avantages, mais aussi un certain nombre de complexités nouvelles pour d'éventuelles restructurations. La dette intérieure et la dette commerciale ont vu leur part de l'endettement total augmenter dans les pays d'Afrique subsaharienne depuis le début des années 2000, accroissant ainsi le nombre et les types d'investisseurs auxquels les pays peuvent faire appel, **tandis que la part de la dette bilatérale et multilatérale a diminué**, passant de 50,0 % en 2000 à 21,6 % en 2021. La dette intérieure et la dette commerciale sont assorties de modalités non concessionnelles, et donc de taux d'intérêt plus élevés et d'échéances plus courtes, et leur refinancement est plus incertain. En outre, elles impliquent généralement un plus grand nombre de créanciers, accentuant la difficulté des négociations. Les créanciers extérieurs ont également changé de nature au cours de la période : les créanciers publics traditionnels, bilatéraux (membres du « Club de Paris ») et multilatéraux ont laissé une large place aux créanciers non traditionnels, bilatéraux et commerciaux (notamment les investisseurs en euro-obligations). D'autres évolutions ont accentué la complexité d'éventuelles restructurations. Même s'il est difficile à quantifier faute de données suffisantes, le recours à la dette garantie par des créances et aux prêts syndiqués s'est accru ces dernières années, en particulier lorsque les risques sont élevés. Un prêt* *garanti par des créances assure aux créanciers d'être remboursés, car il leur garantit des droits sur des actifs ou des flux de revenus spécifiques de l'emprunteur en cas de défaillance, ce qui confère de facto à ces créances un caractère « prioritaire » par rapport aux autres et accentue les différences d'incitation entre les créanciers. De façon plus générale, le manque de transparence des données sur la dette constitue un obstacle à la confiance et à la coordination entre les créanciers lors des restructurations de dette (FMI, 2023). Face à cette situation, l'attention croissante portée aux facteurs de vulnérabilité de la dette des pays d'Afrique subsaharienne, et aux mesures prises pour y remédier, fait ressortir l'éventualité d'une restructuration de la dette.*

Commentaire

L'analyse objective de cet article pose le sérieux problème de l'endettement des États africains et les difficultés croissantes liées aux modalités de remboursement. Dans cette liste on peut ajouter, entre autres contraintes, le durcissement des conditions d'octroi de financement et le paiement des sommes empruntées en devises qui engendrent des frais supplémentaires.

L'endettement en devise comporte le risque de change en cas de dépréciation des taux de change. Dans ce cas de figure, le coût de la dette augmente, comparé à sa valeur nominale. Pour éviter un tel aléa, il est préférable de créer des conditions d'endettement en interne. En ce sens, le mécanisme de l'assurance vie pourrait être l'une des options.

III

La notation financière et son impact sur les conditions d'endettement

Selon plusieurs spécialistes des questions de l'endettement, la notation financière constitue, pour les investisseurs, un critère clé dans l'estimation du risque qu'un investissement comporte. La notation est même un des critères obligatoires pour les emprunteurs institutionnels (fonds de pension, collectivités territoriales, etc.). Pour certains investisseurs, la maîtrise du risque de contreparties impose des notations minimums et des montants d'investissement maximums selon la notation.

La baisse ou la hausse d'une notation financière a un impact direct sur le coût de financement d'un État emprunteur.

Pour ce qui concerne les pays africains, en plus de la dépendance aux notations financières des agences internationales de notation, il existe une prime de risque propre à l'Afrique. À notation égale, un pays d'Amérique du Sud, par exemple, se finance à des taux plus bas qu'un pays d'Afrique.

1. Les critiques formulées envers les agences de notation sont généralement de deux ordres.

1. Une notation pénalisante pour les pays africains, notamment à cause de la prime de risque qui renchérit les taux d'intérêt.
2. La non-prise en compte de certains domaines régaliens dans les critères de notation. En effet, les États tendent à s'aligner sur les exigences du secteur financier, qui ne sont pourtant pas les mêmes que celles des citoyens : les critères tels que le niveau de développement artistique et culturel, la lutte contre les inégalités ou la pauvreté, l'accès à l'éducation et aux soins, la protection sociale, le respect environnemental, et tant d'autres, sont relégués au second plan lorsque le gouvernement d'un pays se focalise sur les notations des agences financières.

Lors du récent sommet sur l'industrie financière africaine organisé par le magazine *Jeune Afrique* à Lomé, évoquant la question du financement direct étranger, les panélistes déploraient les mauvaises notes attribuées par les agences de notation internationales telles que Moody's et Standard & Poor's et la manière dont cela influait sur le coût du crédit.

Autre fait déploré par les intervenants, c'est qu'à notation égale, un pays africain se finance avec des taux plus élevés qu'un pays d'un autre continent. Il existerait donc une prime de risque payée par L'Afrique. L'exemple de l'Argentine a été plusieurs fois cité. Ce pays, malgré des notations pires ou équivalentes à celles de certains pays africains, se finançait à des conditions meilleures, confirmant ainsi la thèse qui soutient l'existence d'une prime de risque supplémentaire.

Dans un environnement dans lequel nous assistons à un rétrécissement des financements extérieurs pour nos États, il devient presque vital d'activer un plan de collecte des ressources internes à partir d'autres moyens, tels que l'assurance vie.

2. La notation comme critère pour bénéficier des crédits à l'international

La notation financière est une technique d'appréciation de la capacité d'un pays à honorer ses engagements. Est-ce que le pays est crédible pour payer ses dettes ? Ainsi, l'objectif poursuivi est de définir l'état de solvabilité d'un pays. C'est le symbole de la mesure du niveau de remboursement d'un pays emprunteur. L'enjeu de la notation financière est important pour un pays, car elle permet de lever des fonds pour financer les activités liées au développement, donc à la dynamique économique. S'il s'agit de l'Afrique, les fonds empruntés servent à financer des infrastructures de base telles que des autoroutes, des ponts, l'extraction de matières premières... La note obtenue par un pays se matérialise par un indicateur de prise de décision utilisé par les prêteurs pour déterminer le niveau de solvabilité.

Le débat s'est ouvert à la faveur de la pandémie de covid-19, alors que se multipliaient les dégradations de notes de pays africains. Il regagne en vigueur à l'heure où une partie du continent est menacée par le manque de liquidités et le surendettement. « L'évaluation qualitative actuelle ne reflète pas fidèlement nos économies », s'est désolée, mi-avril, la ministre de l'Économie du Sénégal,

Oulimata Sarr. Celle-ci s'exprimait en marge de la publication d'un rapport du Programme des Nations unies pour le développement (PNUD) selon lequel des « notations de crédit plus objectives » permettraient aux pays africains d'emprunter plus souvent et moins cher. De quoi leur faire économiser près de 75 milliards de dollars – l'équivalent de 80 % des besoins annuels d'investissements de l'Afrique –, selon les calculs du PNUD.

2.1. Pourquoi les pays africains empruntent-ils ?

Pour assurer ses dépenses de fonctionnement et d'investissement, un pays a besoin d'argent. En Afrique, la source principale pour obtenir de l'argent, pour un État, réside dans la collecte des impôts et taxes, de façon générale. L'innovation est quasi absente dans nos modèles de financement.

Face à l'insuffisance des recettes fiscales, principales ressources internes, la majeure partie des pays africains se dirigent vers des partenaires financiers internationaux pour obtenir des financements externes avec des conditions de paiement inaccessibles. La démarche d'octroi de financement externe et les contours de la dette restent à réétudier car ils entraînent un appauvrissement et une grande dépendance des pays africains vis-à-vis du reste du monde.

Cette dépendance conduit à la progression de la dette extérieure de plusieurs pays du continent et provoque comme situation le manque de liquidités et le surendettement chronique.

Il faut retenir que les pays africains empruntent sur le marché financier mondial pour plusieurs raisons : manque de trésorerie pour couvrir les besoins, faiblesse de la dynamique économique, économie extravertie, absence d'études spécifiques sur d'autres options innovantes de financements internes telles que l'assurance vie.

2.2. Combien coûte l'emprunt ?

Le niveau d'endettement de l'Afrique a pratiquement doublé en douze ans, si on croit les chiffres de la Banque mondiale, qui l'estime à 1140 milliards de dollars en fin 2022, soit une augmentation de 200 % comparativement à la situation de l'année 2010. Il faut noter que le remboursement de la dette a un coût important dans l'économie africaine. En plus du remboursement du principal, il faut ajouter le service de la dette, qui ne cesse de croître d'année en année.

Selon le Fonds monétaire international (FMI), le ratio paiement d'intérêts/recettes, un paramètre essentiel pour évaluer la capacité d'un pays à assurer le service de sa dette et pour prédire le risque de crise budgétaire, a été multiplié par plus de deux depuis le début des années 2010 et représente désormais près de quatre fois celui enregistré dans les pays avancés. En 2022, plus de la moitié des pays à faibles revenus en Afrique subsaharienne présentaient un risque de surendettement élevé ou étaient en situation de surendettement d'après les évaluations du FMI.

Cette situation se traduit par des risques de défaut de paiement et, naturellement, par des difficultés d'emprunt pour les pays concernés. Pour ces derniers, emprunter à l'extérieur devient un casse-tête et le coût de la dette est insupportable.

2.3. Quels sont les enseignements à tirer de la dette extérieure des pays d'Afrique ?

La dette extérieure des pays africains est le principal outil de financement des projets. Elle permet de réaliser des infrastructures modernes, d'investir dans des projets d'utilité publique, de faire face à d'autres catégories de dépenses importantes. La dette extérieure se matérialise par des sources de financement étrangères remboursables moyennant des intérêts. Pour un pays lambda, le service de la dette constitue un montant important à budgétiser. Certains pays rencontrent des difficultés pour faire face à cette exigence, du fait que l'argent est rare pour eux et que les taux d'endettement extérieurs ont connu une très hausse progression.

En Afrique, les ressources internes collectées par les administrations fiscales sont très limitées pour répondre aux défis majeurs. En un mot, les finances disponibles sont insuffisantes pour garantir la couverture des besoins de fonctionnement des États et assurer un investissement public correct. Vu sous cet angle, de nouvelles mesures s'imposent aux pays africains, afin de trouver de meilleures formules. Il semble évident que l'assurance vie peut être étudiée en profondeur pour la placer au cœur des sources de financements prioritaires et accessibles.

2.4. Financement externe, coût élevé de la dette, difficultés de remboursement… l'Afrique doit-elle continuer à suivre ce rythme ?

À la lecture de ce qui précède, il convient de souligner que la dette extérieure coûte cher aux pays africains. Face à l'accumulation de celle-ci, certains pays sombrent dans des difficultés de remboursement qui se traduisent par un concept de « réendettement chronique » – emprunter aujourd'hui pour rembourser la dette d'hier. Ce phénomène perdure et risque à la longue de provoquer des situations désastreuses pour les États du continent africain.

En ce sens, il paraît évident pour les dirigeants de ces pays de réfléchir à des alternatives et à trouver d'autres canaux de financement pour être moins exposés aux conditions des emprunteurs. Dès lors, on peut se poser la question de savoir s'il existe d'autres alternatives.

Pour ma part, OUI.

Les industries des assurances peuvent être d'un grand appui.

IV

L'assurance vie, contributrice au financement de développement des pays d'Afrique

En Afrique, l'assurance fait peu de bruit et contribue considérablement à la performance économique. Elle est peu célèbre, mais très présente dans l'esprit et le quotidien des populations. Pour les ménages qui souscrivent à des contrats d'assurance, on peut noter qu'ils cherchent globalement des moyens et mécanismes pour surmonter les risques de la vie en cas de soucis de santé, d'incendie, d'invalidité, de décès… et autres formes de problèmes imprévisibles, qui méritent des réponses immédiates. Dans le lot des assurances, il y a plusieurs catégories, selon les spécificités de la clientèle et les offres : assurance santé, assurance automobile, assurance responsabilité professionnelle, assurance vie…

Pour cette dernière, le principe est simple. C'est un produit de placement financier sous forme d'épargne susceptible d'être utilisé en cas de besoin.

1. L'épargne interne et ses avantages

Le secteur des assurances contribue à la sécurité de sa communauté d'assurés et permet de profiter d'un grand nombre d'activités économiques générant des richesses. L'assurance constitue un outil d'épargne et de crédit et assure un rôle de contributeur au financement des activités d'un pays. Les sommes d'argent collectées sont soumises à des règles définies par les pouvoirs publics. Elles doivent être placées pour couvrir les risques des clients en cas de préjudices. Cette situation se traduit par un stock d'argent que les États africains peuvent utiliser pour financer une partie de l'économie.

L'épargne constituée par les ménages à travers la souscription d'un contrat d'assurance renforce les capacités de financement d'un État. L'accumulation des sommes d'argent versées par les personnes assurées à titre de cotisations pour souscrire un contrat d'assurance vie, vu le caractère lointain, représente un capital précieux pour la formation de l'épargne (interne) globale et une réserve dans laquelle un État peut puiser pour investir.

L'assurance vie est devenue aujourd'hui incontournable, vu ses différentes facettes. Elle participe au bien-être social et contribue au développement économique d'un territoire.

Ce qu'il faut retenir

L'assurance peut jouer un rôle décisif. En mobilisant l'épargne des agents, elle contribue à une meilleure gestion des risques tout en diminuant la pression budgétaire sur les États. Ces derniers libèrent ainsi des moyens pour financer d'autres priorités et ainsi se consacrer pleinement au développement.

2. La solution par l'épargne interne

L'épargne brute moyenne annuelle des ménages allemands s'élevait à 5924 euros par habitant en 2020. Depuis 2015, la valeur de cette épargne en Allemagne a augmenté régulièrement, pour culminer en 2022 à 6420 euros par habitant. Nous ne disposons malheureusement pas de chiffres fiables concernant les pays africains. Nous ne pouvons-nous appuyer que sur des informations avérées et disponibles.

Dès lors se pose une réflexion : quelle est l'importance de l'épargne pour le développement économique ?

Pour un ménage, épargner est utile : épargne de précaution, préparation de projets à court, moyen ou long terme.

L'épargne des ménages est également utile pour l'économie : elle permet de préparer l'avenir en contribuant au financement de l'investissement des entreprises et des administrations publiques.

L'épargne est traditionnellement considérée comme la source principale du financement des investissements. Une insuffisance d'épargne porte donc préjudice à la croissance économique.

Ce qu'il faut retenir

En économie ouverte, une insuffisance de l'épargne conduit à aggraver le déficit extérieur. En effet, une insuffisance de la production de biens et de services conduit à importer davantage. Par ailleurs, **cette insuffisance de l'épargne doit être compensée par le recours à des emprunts extérieurs** qui augmentent la dette avec le reste du monde.

Nos États doivent s'orienter vers d'autres pistes, telles que la création de nouveaux produits obligatoires à travers l'assurance vie.

V

Assurance vie, outil de collecte de l'épargne et d'investissement

La question qu'on serait en droit de se poser, c'est : d'où viennent les capitaux utilisés par les investisseurs étrangers ? Comment se fait-il que ces pays disposent d'autant d'argent au point de venir investir en Afrique ?

Réponse : une partie essentielle de ces capitaux des pays industrialisés provient des fonds de pension et de l'épargne des populations de ces pays.

Autre question qu'on pourrait se poser : avons-nous, au niveau des pays de la zone CIMA, mis en place les outils qu'il faut pour mobiliser l'épargne interne de nos pays à l'instar des pays développés ?

La réponse est non, si nous regardons les statistiques des personnes qui ont une assurance retraite (soit privée avec les assureurs, soit publique avec les caisses nationales de sécurité ou de prévoyance sociale).

1. Raisonnement

En Côte d'Ivoire

Il y a environ un million cent mille (1 100 000) cotisants à la Caisse Nationale de Prévoyance Sociale (CNPS), sur une population de plus de 28 millions d'habitants, soit moins de 4 %. Les fonctionnaires et agents de l'État qui cotisent à la Caisse Générale de Retraite des Agents de l'État (CGRAE) sont environ 300 000.

On peut donc estimer l'ensemble des cotisants à un système de retraite en Côte d'Ivoire à 5 % de la population.

Au Togo

Environ 300 000 salariés des entreprises privées cotisent à la CNSS sur une population de 8 millions d'habitants. À ce chiffre s'ajoutent les 50 000 fonctionnaires qui cotisent à la caisse de retraite des agents de l'État. Le nombre de cotisants publics et privés tourne également autour de 5 %.

Au Sénégal

Environ 340 000 salariés dans le privé et 172 000 fonctionnaires sur une population de 18 millions d'habitants cotisent, soit environ 3 %.

Les trois exemples montrent un taux de cotisants aux organismes de gestion de la retraite publics et privés inférieur ou égal à 5 %.

Par comparaison, en France, en 2021, 29 millions de personnes cotisaient à un régime de retraite sur une population de 67 millions d'habitants, soit 43 % (source : Institut national de la statistique et des études économiques – INSEE).

Avec les 5 % de cotisants en moyenne, nous sommes loin d'avoir un système de mobilisation de l'épargne interne performant. La marge de progression est énorme.

Cela veut dire que si nos États mettent en place les conditions et outils pour mobiliser l'épargne interne, ils disposeraient de suffisamment de ressources pour financer tout ou partie des besoins de développement.

Imaginez la mise en place de fonds de pension pour les agriculteurs, les planteurs, les artisans, les vendeurs et vendeuses des marchés, etc. Dans un pays comme la Côte d'Ivoire, nous avons probablement une population de plus de 10 millions de personnes capables d'une cotisation minimum annuelle de 100 000 francs. Cela permettrait de générer annuellement 1000 milliards de FCFA qui pourraient être ainsi investis pour le développement du pays.

Un tel système étendu à d'autres corps de métiers, comme les artisans, permettrait une mobilisation exceptionnelle de l'épargne interne qui, investie en obligation d'État, donnerait au pays des ressources nécessaires pour les projets de développement.

Cette mobilisation de l'épargne interne limiterait la dépendance de nos pays vis-à-vis des financements extérieurs onéreux et conditionnés.

L'assurance vie reste dans de nombreux pays un outil essentiel de mobilisation de l'épargne populaire. Dans certains pays comme l'Angleterre, les fonds de pension privés gèrent des fonds considérables et même parfois paient plus de pensions de retraite que le système de retraite étatique.

L'assurance est un puissant outil de collecte de l'épargne interne. Les produits d'assurance sont souscrits pour des durées très longues. On souscrit à un contrat pour préparer sa retraite, pour financer les études supérieures des enfants, pour préparer sa succession ou tout simplement pour des besoins de placement. Cette épargne est en général mobilisée sur des durées en moyenne supérieures à 10 ans.

Les assureurs ont des obligations en matière de placement de l'épargne collectée. Cette épargne est investie dans des obligations d'État, dans des entreprises à travers divers véhicules de placement, des FCP, OPCVM, ou placée auprès des banques qui elles-mêmes la recyclent dans l'économie.

Dans un contexte économique où l'aide extérieure se raréfie, l'apport de l'assurance vie pourrait être considérable. Les exemples de l'Allemagne après la guerre et du Japon qui ont utilisé l'épargne interne comme moteur de leur développement sont assez parlants.

En 2022, les cotisations collectées par les assureurs vie en France s'élèvent à 144 milliards d'euros et un encours des placements des compagnies d'assurance de plus de 1913 milliards d'euros. (Source : Fédération française des sociétés d'assurances – FFSA)

2. L'importance des mesures fiscales sur la collecte de l'épargne interne

Comparaison n'est pas raison, mais si nous voulons parvenir à un niveau important de mobilisation de l'épargne nationale à l'instar de certains pays industrialisés, nous devons analyser les mesures prises pour doper le niveau de la collecte de l'épargne.

En ce qui concerne la France, les mesures fiscales qui ont permis à l'assurance vie de se développer sont nombreuses et régulièrement revisitées pour continuer à inciter les ménages à épargner et à faire des placements. Nous pouvons citer, entre autres :

1. L'exonération d'impôts, sous certaines conditions, des plus-values réalisées sur des contrats d'assurance vie de plus de 8 ans.

2. La fiscalité des contrats Travailleurs non salariés (TNS) ou les contrats Madelin qui permettent aux travailleurs des professions libérales de déduire leurs cotisations d'assurance de leurs revenus imposables dans la limite de 10 % du bénéfice imposable retenu jusqu'à huit fois le plafond de la Sécurité sociale, plus 15 % du bénéfice compris entre un et huit fois le plafond de la Sécurité sociale.

3. Les mesures d'accompagnement des PEE (Plan d'épargne entreprise) et des PPESV (Plan de partenariat d'épargne salariale volontaire), qui sont des produits de collecte de l'épargne mise en place dans les entreprises et bloquée sur 5 ou 10 ans pour bénéficier d'avantages fiscaux.

4. Les contrats dits « DSK », du nom de l'ancien ministre de l'Économie français, Dominique Strauss-Kahn (du 4 juin 1997 au 2 novembre 1999), qui accordaient des avantages fiscaux à condition qu'au moins 50 % des cotisations soient investies en actions d'entreprises françaises ou européennes. Les contrats DSK ont été remplacés en 2005 par les NSK, du nom de Nicolas Sarkozy, ancien président de la République

française, suite à une modification de l'allocation des supports d'investissements.

5. Les contrats dits « Article 39 » qui ont permis un développement considérable des produits des Indemnités de fin de carrière (IFC).

Quelles sont les dispositions fiscales existantes dans notre zone CIMA pour inciter les ménages et les entreprises à épargner ou à souscrire à des contrats d'assurance vie ?

Nous allons analyser le cas de deux pays dont les informations sont disponibles :

ACTIONS	**ENTITÉ**	**GABON**	**TOGO**
Déduction des primes d'assurances vie de l'assiette de l'impôt sur le revenu des personnes physiques et morales	Entreprises	Versements volontaires pour la constitution d'une retraite pour les salariés, limite 10 % du salaire brut	Les primes d'assurance versées à des compagnies agréées au Togo dans le cadre d'un contrat groupe d'épargne et de retraite souscrit en faveur du personnel salarié de l'entreprise sont déductibles
	Personnes physiques	• Dans la limite de 5 % du revenu imposable • Versements volontaires pour la constitution d'une retraite limite 10 %	Le versement volontaire pour la constitution de retraite ou de complément de retraite dans la limite de 6 % du revenu net taxable
Déductibilité des primes Indemnités de Fin de Carrière	Entreprises	OUI	OUI

De façon générale, on note très peu de mesures incitatives. Pire, dans certains pays, nous avons une taxe assise sur les cotisations collectées par les compagnies d'assurance.

Exemples :

- au Mali : 1 % ;

- au Togo : 0,5 %.

La mesure fiscale la plus importante dans la zone concerne les contrats dits « indemnités de fin de carrière ». La déductibilité des cotisations IFC du résultat imposable des entreprises est une des mesures qui a le plus incité les entreprises à souscrire à des contrats d'assurance vie.

3. Assureurs vie, collecteurs d'épargne et investisseurs institutionnels

L'assureur collecte des primes d'assurance qu'il doit gérer soit pour payer les sinistres, soit pour rémunérer l'épargne des assurés, mais aussi assurer la rentabilité des capitaux investis par les actionnaires.

Les contrats d'assurance vie sont souscrits pour des durées très longues – pouvant aller jusqu'à 20 ans et parfois au-delà.

Les assureurs sont des investisseurs institutionnels. En effet, l'épargne gérée par les assureurs constitue une source de financement importante pour nos économies à travers :

- les obligations d'État ou Bons du Trésor ;
- les investissements directs dans des sociétés ;

- les dépôts à terme qui permettent aux banques de financer les entreprises ;
- les investissements immobiliers ;
- les investissements en Bourse.

Le tableau ci-dessous nous donne des exemples parlants à exploiter.

Libelé	Référence	Taux	
	CIMA	Min.	Max.
Obligations et autres valeurs d'État	Art.335.1 1-a)	15%	50%
Obligations des organismes internationaux	Art.335.1 1-b)		
Obligations des institutions financières	Art.335.1 1-c)		
Autres obligations	Art.335.1 2-a)	0%	40%
Actions croisées	Art.335.1 2-b)		
Actions des entreperises d'assurance	Art.335.1 2-c)		
Actions et obligations des sociétés commerciales	Art.335.1 2-d)		
Actions des sociétés d'investissement	Art.335.1 2-e)		
Droits rééls immobilièers	Art.335.1 3	0%	40%
Prêts garantis par les États	Art.335.1 4	0%	20%
Prêts hypothécaires	Art.335.1 5-a)	0%	10%
Autres prùets garantis (Ets de crédits, Inst. Financièeres, etc.	Art.335.1 5-b)		
Dépots en banque	Art.335.1 6	10%	40%

Commentaire

Le tableau ci-dessus tiré du Code CIMA donne les fourchettes de placement sur les différents véhicules de placements autorisés.

Par exemple, sur les obligations et autres valeurs d'État, le minimum est de 15 % et le maximum de 50 %, obligeant ainsi les sociétés d'assurance à soutenir le développement des États.

Les investissements des assureurs obéissent à des contraintes réglementaires pour des raisons de sécurité et de diversification du risque pour protéger l'épargne des assurés.

VI

Conclusion

Le débat du financement des économies africaines se pose avec acuité. Il est présent dans plusieurs cercles et surtout dans le milieu des intellectuels engagés et panafricains. De l'essentiel des discussions, conférences, tables rondes et forums, des enseignements sont tirés, mais la situation reste la même. Aujourd'hui, l'endettement est devenu comme une drogue pour les pays africains et les dirigeants de ces pays se disent confrontés à des réalités sur le terrain telles que le manque de liquidités internes. Les sommes générées par les contributions obligatoires à travers la fiscalité sont insuffisantes pour financer les priorités de développement. Donc chercher ailleurs devient indispensable. C'est dans cette perspective que les pays africains s'endettent lourdement et accumulent beaucoup de capitaux étrangers pour survivre.

De mon point de vue, je suis conscient que les impôts sont limités pour faire face à la taille des besoins. Cependant, les opportunités de l'assurance vie peuvent être explorées dans le but de concevoir de nouvelles approches de financements intégrées et inclusives. Déjà, la disponibilité des sommes épargnées via les assurances vie peut servir à financer des projets de toute nature.

Ce qu'il faut retenir

En Afrique, l'assurance vie constitue un support de taille pour financer une part importante de l'économie, en ce sens que les sommes collectées sont placées sur des comptes et utilisées selon les orientations du législateur. L'État peut en utiliser pour investir dans des projets de développement et également pour couvrir une partie des emprunts publics. C'est un moyen de rendre nos pays moins dépendants des autres mécanismes de financements externes qui deviennent de plus en plus rares pour certains.

Partie V

L'assurance vie, outil de transmission de patrimoine

1. Fondement de la constitution d'un patrimoine

Parmi les nombreuses mutations des sociétés africaines, il y a le passage d'une époque où les parents comptaient sur les enfants pour leur assurer des revenus de retraite à la tendance inverse. En effet, de plus en plus de personnes travaillent à constituer un patrimoine devant revenir aux enfants après leur décès.

La constitution de patrimoine est aussi une conséquence du système ***capitaliste****, système s'appuyant sur la propriété privée des moyens de production dont les fondements sont l'accumulation du capital productif et la réalisation du profit, permettant ainsi aux individus de se constituer un patrimoine.* (Source : Wikipédia)

Cependant, une fois le patrimoine constitué, l'étape d'après c'est sa transmission éventuelle aux héritiers. Ainsi, se pose la question de la transmission de ce patrimoine ? L'idéal étant une transmission intégrale à la (aux) personne(s) de son choix. Or, en matière de succession, la liberté de transmettre à qui on veut et le montant qu'on veut est limitée par le Code civil et la législation fiscale.

2. Difficultés liées à la transmission du patrimoine

La transmission du patrimoine se heurte à deux grandes difficultés :

– **La première est que le Code civil privilégie certaines personnes au détriment d'autres avec une hiérarchisation des héritiers.**

Ce qui veut dire qu'en absence de testament, votre patrimoine peut ne pas être transmis forcément aux personnes de votre choix.

Par exemple, en Côte d'Ivoire, les successions sont régies par la loi n° 2019-573 du 26 juin 2019 relative aux successions. Elle réglemente notamment les conditions d'ouverture de la succession, la procédure à suivre pour entrer en possession de son héritage et le partage des biens. En l'absence de testament, la succession est réglée par la loi. Il en résulte que les dernières volontés éventuellement laissées par le défunt à un parent ou à un proche ne seront point prises en compte dans le partage des biens.

Les conditions d'accession aux biens du défunt sont clairement définies.

En principe, l'héritage est déféré aux enfants et descendants du défunt. Toutefois, dans l'hypothèse où celui-ci n'aurait aucune descendance, l'ensemble de ses biens sera transmis aux autres membres de sa famille, en l'occurrence, ses ascendants, ses parents collatéraux et son conjoint survivant. L'ordre de succession dans ce dernier cas est régi par la loi.

On peut dégager 6 grandes étapes dans le déroulement d'une succession

- 1- L'ouverture de la succession.
- 2-L'identification des héritiers.
- 3- Le bilan complet du patrimoine du défunt.
- 4- Le choix des héritiers.
- 5- La déclaration de succession et le paiement des droits.
- 6- Le partage (ou non) des biens et les transferts de propriété.

– **La deuxième grande difficulté de la gestion de la succession réside dans la cinquième étape, le paiement des droits de succession.**

La législation fiscale oblige les héritiers à s'acquitter des droits de succession qui amputent le patrimoine. Dans certains cas, les difficultés de paiement des droits de succession entraînent la vente de tout ou partie du patrimoine par les héritiers. Les taux des droits de succession peuvent être très élevés.

Ci-dessous les taux actuels en Côte d'Ivoire et au Togo.

Taux des droits de succession au TOGO	1 et 2000 000 FCFA	2 000 001 FCFA et 5 000 000 FCFA	5 000 001 FCFA et 10 000 000 FCFA	10 000 001 FCFA et 50 000 000 FCFA	Au-delà de 50 000 000 FCFA
En ligne directe et entre époux	2%	4%	6%	8%	10%
En ligne ccollatérale entre frères et sœurs	8%	10%	12%	15%	18%
Entre parents au 3ème degré (oncles ou tantes et neveux ou nièces) jusqu'au 4ème degré (grands-oncles ou grands-tantes et petits neveux ou petites nièces ou entre cousins germains) et au-delà	12%	14%	17%	20%	22%
personnes non parentes	25%	30%	35%	40%	45%

Taux des droit de succession en Côte D'Ivoire	1 et 2 500 000 FCFA	2 500 001 FCFA et 10 000 000 FCFA	10 000 001 FCFA et 50 000 000 FCFA	Au-delà de 50 000 000 FCFA
En ligne directe et entre époux	2%	3%	4%	5%
En ligne ccollatérale entre frères et sœurs	6%	6%	8,5%	9%
Entre parents au 3ème degré (oncles ou tantes et neveux ou nièces) jusqu'au 4ème degré (grands-oncles ou grands-tantes et petits neveux ou petites nièces ou entre cousins germains) et au-delà	10%	10%	10%	10%
personnes non parentes	12%	12%	12%	12%

Pour bénéficier du patrimoine, les héritiers devront s'acquitter des droits de succession dont les taux peuvent, dans certains cas de succession entre parents au-delà des troisièmes et quatrièmes degrés, ou entre non-parents, atteindre des niveaux très élevés, jusqu'à 45 % au Togo. En fonction de la taille du patrimoine, certains héritiers se retrouvent dans l'incapacité de faire face aux paiements des droits.

Les successions ne sont en général pas réalisées de façon complète. Par exemple, dans de nombreux cas, les biens immobiliers passent de génération en génération sans changement administratif formel de propriétaire. La maison qui appartenait aux parents, après leur décès, revient aux enfants qui à leur tour la passent aux petits-enfants et ainsi de suite. Dans certains cas, nous sommes au-delà de la cinquième génération sans que les transmissions successives aient été faites en bonne et due forme. Autant dire que si cela devait être mis à jour, de nombreux héritiers pourraient se retrouver en grande difficulté et peut-être même perdre leurs biens.

3. L'assurance vie, la solution de transmission de patrimoine

Un contrat d'assurance vie, donc le capital en cas de décès, est versé au(x) bénéficiaire(s) en dehors de la succession légale et peut justement permettre de faire face aux droits de succession, donnant ainsi aux héritiers les ressources nécessaires pour une transmission aisée du patrimoine.

Selon l'**article 71 du Code des pays de la zone CIMA :**

> « Le capital ou la rente stipulés payables lors du décès de l'assuré à un bénéficiaire déterminé, ou à ses héritiers ne font pas partie de la succession de l'assuré. Le bénéficiaire, quelles que soient la forme et la date de sa désignation, est réputé y avoir seul droit à partir du jour du contrat, même si son acceptation est postérieure à la mort de l'assuré. »

En d'autres termes, le contrat d'assurance constitue une sorte de testament, puisque la volonté de l'assuré manifestée par la désignation de la personne bénéficiaire du contrat sera totalement respectée. Cet article dit deux choses :

- Concernant la question, à qui laisser son patrimoine ? La désignation d'un bénéficiaire à la souscription du contrat d'assurance permet d'y répondre.
- Concernant la préoccupation, l'optimisation des capitaux à transmettre, les prestations d'assurance, c'est-à-dire les capitaux ou la rente payés par l'assureur, sont exonérées de droits de succession.

Ainsi, les capitaux payés au décès d'un assuré à un bénéficiaire désigné en dehors de la succession légale peuvent servir à payer les droits de succession, garantissant ainsi la transmission optimale des biens aux ayants droit.

En effet, à la souscription d'un contrat d'assurance vie, il est demandé au souscripteur de désigner un ou des bénéficiaires du contrat. C'est une étape importante. Il faut donc soit les désigner nommément, soit les caractériser de façon précise pour qu'ils soient faciles à identifier en cas de décès. Par exemple : « enfants nés ou à naître » ou « épouse ou époux non séparé de corps ».

Partie VI

L'assurance vie, outil de gestion des ressources humaines et d'optimisation fiscale pour les entreprises

Le choix des entreprises de souscrire ou non à une solution d'assurance vie pour le personnel, sauf lorsqu'elle est obligatoire, est guidé par 3 grandes raisons.

La première : c'est la fidélisation des salariés à travers une amélioration des avantages sociaux.

La deuxième : une optimisation des résultats de l'entreprise si la fiscalité relative aux solutions d'assurance est assez incitative.

La troisième : cela permet une gestion optimale de la trésorerie de l'entreprise.

À ces trois raisons, on peut citer également la survie de certaines entreprises.

Raisonnement

Première raison : la gestion du capital humain

L'importance des ressources humaines pour une entreprise n'est plus à démontrer. La question qui préoccupe désormais les managers se situe au niveau de la motivation et de la mobilisation du personnel. Comment faire en sorte que les salariés se mobilisent pour atteindre les objectifs fixés ? Comment obtenir l'adhésion et la loyauté des salariés ? Comment conserver les salariés les plus performants ? Quels moyens mettre en œuvre pour aider les salariés à se motiver ? Autant de questions auxquelles il faut répondre pour réaliser des performances durables au niveau des entreprises.

Nous n'entendons pas répondre à toutes ces questions dans les lignes qui suivent. Nous allons simplement indiquer quelques solutions à travers l'assurance vie pour satisfaire les besoins de sécurité des salariés. Besoins qui constituent un des nombreux éléments essentiels à leur motivation.

On retrouve les besoins de sécurité au deuxième niveau de la pyramide des besoins de Maslow, c'est-à-dire juste au-dessus des besoins physiologiques.

Pour rappel, la **pyramide des besoins** représente de façon pyramidale la hiérarchie des besoins. Elle a été développée par le psychologue américain **Abraham Maslow** dans sa théorie de la motivation.

Elle se présente comme suit :

Besoin d'accomplissement de soi

Besoins d'estime (confiance et respect de soi, reconnaissance et appréciation des autres)

Besoins d'appartenance et d'amour (affection des autres)

Besoins de sécurité (environnement stable et prévisible, sans anxiété ni crise)

Besoins physiologiques (faim, soif, sommeil, sexualité…)

Même si ce modèle a fait l'objet de plusieurs critiques, notamment la hiérarchisation des besoins, qui peut varier d'un individu à un autre, en fonction de son mode de vie, de sa culture et de ses motivations, le besoin de sécurité demeure un élément essentiel dans la motivation d'un individu.

Dans son ouvrage ***Culture africaine et gestion de l'entreprise moderne***, **Marcel Zadi Kessy** a mené une réflexion sur l'impact de l'environnement social et culturel sur le développement des entreprises. Il a écrit à juste titre : **« La mise en place d'une politique sociale ambitieuse est donc le prix à payer par l'entreprise africaine pour que les salariés répondent à ses attentes et démontrent leur loyauté. »**

Les attentes du salarié vis-à-vis de l'entreprise qui l'emploie sont nombreuses et parfois en opposition avec les principes de l'entreprise capitaliste, fondée sur l'individualisme et le profit. Cependant, la non-prise en compte de ces attentes peut entraîner la démotivation ou une absence de loyauté du salarié à l'égard de son employeur.

Le salarié attend de son entreprise une assistance lorsqu'il traverse des moments difficiles, notamment en cas de décès d'un proche, en cas de maladie et de naissance ou lors du départ à la retraite. Les familles des salariés également ont des attentes vis-à-vis des entreprises. Elles attendent une assistance en cas de décès d'un salarié membre de la famille. Toutes ces attentes sont exacerbées par l'absence ou la faiblesse de la protection sociale dans de nombreux pays en Afrique.

Une bonne politique sociale au sein d'une entreprise constitue donc un facteur important de succès. La politique sociale de l'entreprise désigne un ensemble d'efforts librement consentis par les entreprises afin d'améliorer l'assistance et la prévoyance sociale de leurs employés. Ces mesures se distinguent des prestations légales et contractuelles en ce qu'elles ne se fondent pas sur le droit.

Les assurances vie proposent une gamme de produits susceptibles d'apporter des solutions aux entreprises qui souhaitent mettre en place une politique sociale maîtrisée. Pour l'entreprise, il s'agira de confier les aléas ou les risques auxquels peuvent être exposés les salariés à une compagnie d'assurance moyennent le paiement de primes d'assurance.

En confiant la gestion des aléas à une compagnie d'assurance, l'entreprise aura une meilleure maîtrise des dépenses de prestations sociales qui se limiteront aux primes d'assurance. La compagnie d'assurance dont le métier est la gestion de l'aléa prendra ainsi en charge les risques qui pèsent sur les salariés.

1. La retraite complémentaire

En général, quand on parle de retraite complémentaire, c'est par rapport aux pensions de retraite gérées par les caisses nationales de sécurité sociale. Ces montants ne suffisent pas à satisfaire les besoins des retraités, d'où l'importance de souscrire un contrat d'assurance vie pour faire face à la retraite.

Raisonnement

Les pensions payées par ces caisses étant largement inférieures aux revenus lorsqu'on est en activité, la mise en place d'un système qui permet d'avoir un complément de revenu permet de rassurer le salarié sur ses ressources post-activités professionnelles.

Plusieurs techniques existent pour la mise en place de tels contrats, et plusieurs niveaux de capitaux également, selon la générosité de la politique sociale de l'entreprise.

Ces contrats peuvent être mis en place avec ou sans participation des salariés au paiement de la prime d'assurance.

Par exemple, la Convention collective des assurances, banques et établissements financiers au Togo a fixé la cotisation de retraite complémentaire à 5 % du salaire pour l'employé et 15 % pour l'employeur.

Il existe deux grandes catégories de contrat de retraite complémentaire pour les entreprises.

La retraite à cotisations définies

Dans ce cas, l'entreprise définit pour chaque salarié une cotisation régulière à payer à l'assureur. Ce montant peut être forfaitaire ou représenter un pourcentage du salaire. Ces cotisations payées à l'assureur sont capitalisées à un taux d'intérêt minimum garanti. Dans notre zone CIMA, ce taux est actuellement de 3,5 %. Cet indicateur peut être bonifié en fonction des résultats annuels de l'assureur. Le Code des assurances définit la méthode de calcul de ce complément d'intérêt, appelé participations aux bénéfices (PB). Le législateur estime que compte tenu de la vocation sociale de l'assureur, s'il réalise des bénéfices, une partie doit revenir aux assurés, d'où l'introduction de la notion de PB.

Au départ à la retraite, le capital accumulé par chaque salarié lui est payé soit en une seule fois, soit sous forme de rente en plusieurs fois pour compléter sa pension de base.

Ce régime de retraite peut sembler inégal au moment de sa mise en place dans une entreprise car les salariés proches de la retraite ne bénéficieront pas d'une longue période d'épargne et donc percevront des prestations de retraite plus faibles.

Exemple :

Salariés	Salaires	Âge actuel	Cotisation mensuelle 20 % du salaire	Âge de départ à la retraite 60 ans	Capital garanti par l'assureur au départ à la retraite
M. Koffi	500 000	30 ans	**100 000**	60	**55 819 935**
M. Ekoué	1 000 000	35 ans	**200 000**	60	**85 600 812**
M. Kokoe	2 000 000	40 ans	**400 000**	60	**126 240 402**
M. Kouevi	5 000 000	50 ans	**1 000 000**	60	**134 778 066**

Commentaire

Dans cet exemple, M. Koffi a 30 ans aujourd'hui. Si son entreprise mettait en place un contrat d'assurance retraite avec une cotisation mensuelle de 100 000 francs, soit 20 % de son salaire (taux de la convention collective des assurances, banques et établissements financiers du Togo), il partirait à la retraite avec un capital minimum de 55 millions environ. Ce montant a été évalué en supposant que son salaire est resté constant pendant toute sa carrière, ce qui bien évidemment ne sera pas le cas. Il s'agit donc d'une garantie minimum.

2. La retraite à prestations définies

Dans ce cas, l'entreprise décide du niveau de retraite souhaité pour chaque salarié. Cela pourra être fixé en nombre de mois de salaire ou un montant forfaitaire à percevoir par chaque salarié qui part à la retraite. C'est en fonction de ces montants à percevoir à la fin de l'activité professionnelle que l'assureur calcule la prime d'assurance à payer pour accorder cette garantie aux salariés.

Ce régime est plus égalitaire, car la promesse de retraite, décidée soit en pourcentage du salaire, soit forfaitaire, ne tient pas compte du nombre d'années de cotisation. L'entreprise compensera les différences indirectement avec la prime d'assurance calculée par l'assureur.

Exemple :

Salariés	Salaire	Âge actuel	Prestations définies à la mise en place du contrat	Âge de départ à la retraite	Primes mensuelles calculées en fonction des prestations fixées et de la durée restant avant la retraite
M. Koffi	500 000	30 ans	**12 000 000**	60	**21 500**
M. Ekoué	1 000 000	35 ans	**24 000 000**	60	**57 000**
M. Kokoe	2 000 000	40 ans	**48 000 000**	60	**152 600**
M. Kouevi	5 000 000	50 ans	**120 000 000**	60	**891 000**

Commentaire

Dans cet exemple, les prestations, c'est-à-dire les montants à percevoir lors du départ à la retraite, sont fixées à la souscription du contrat. Les primes sont déterminées en conséquence par l'assureur.

Quatre risques sont concernés lorsqu'on parle de prévoyance groupe : la santé, le décès, l'invalidité et la dépendance. Pour l'instant dans notre zone, la dépendance n'est pas encore proposée par les assureurs.

Je ne vais pas non plus parler de la santé, car relativement évidente à appréhender. Quasiment toutes les entreprises d'une certaine taille ont intégré l'assurance santé ou maladie dans les avantages donnés aux salariés. Il s'agit de payer une prime d'assurance à un assureur qui garantit le remboursement d'un pourcentage déterminé des dépenses de soins. Par ailleurs, dans notre zone, l'assurance maladie ou santé est gérée par les sociétés d'assurance non-vie ou sociétés d'assurance, incendie, accident, risques divers et transport (IARDT).

Raisonnement

De ce qui précède, on peut se poser quelques questions :

Combien de famille autour de nous avons-nous vues basculer dans des difficultés extrêmes suite au décès de la personne salariée pourvoyeuse des ressources ?

Combien d'élèves ont dû arrêter ou écourter leurs études suite à un décès ?

Le contrat de prévoyance décès permet à l'assureur de payer un capital au(x) bénéficiaire(s) désigné(s) par le salarié en cas de décès. Le montant à payer par l'assureur peut être un nombre de fois le salaire, par exemple, 12, 24 ou 36 mois de salaire, ou un montant forfaitaire.

Le capital ainsi payé suite à un décès peut permettre à la famille d'avoir des ressources pour compenser au moins partiellement la perte de revenus liée au décès.

Exemple :

Salariés	**Âge**	**Capital garanti par l'assureur en cas décès**	**Prime annuelle**
M. Koffi	25	1 000 000	2 606
M. Ekoué	40	1 000 000	5 198
M. Kokoe	45	1 000 000	7 836
M. Kouevi	50	1 000 000	10 614
Prime annuelle du groupe			**26 254**

Dans cet exemple, nous avons pris des capitaux fixes identiques pour tous les salariés en cas de décès. On remarque bien que les primes sont fonction de l'âge de l'assuré. Plus la personne est âgée, plus la prime est élevée. Pour le même capital décès de 1 million, M. Koffi, qui a 25 ans, paiera 2606 francs CFA alors que M. Kouevi, qui a 50 ans, paiera 10 614 francs CFA.

Le calcul de la prime est fonction de la table de mortalité utilisée et des chargements de gestion et d'acquisition que l'assureur rajoute à la prime calculée avec la table de mortalité. L'exemple ci-dessus donne un ordre de grandeur, car il existe plusieurs méthodes pour calculer la prime globale afin de mettre en place la prévoyance décès dans une entreprise.

3. Les contrats Indemnités de fin de carrière (IFC)

Lorsqu'on parle de contrat IFC pour les entreprises en Afrique, l'un des contre-exemples les plus cités est celui de la défunte compagnie Air Afrique.

Pour rappel, Air Afrique était une compagnie aérienne qui a connu ses heures de gloire dans les années 1980 – structure panafricaine qui a malheureusement fait faillite. Les raisons de cette faillite ne seront pas évoquées ici, car ce n'est pas l'objet du livre.

Les milliers de salariés d'Air Afrique, suite à cette faillite, se sont retrouvés à la rue sans indemnités, car la société était dans l'incapacité de les payer.

Cet exemple illustre à souhait l'importance que peut avoir un contrat d'assurance pour une entreprise. Dans le cas d'Air Afrique, un contrat dit IFC – Indemnités de fin de carrière – souscrit auprès d'un assureur et régulièrement alimenté aurait pu permettre de faire face au paiement des indemnités après la faillite de l'entreprise.

Remarque : la plupart des conventions collectives interprofessionnelles ou codes du travail font obligation aux entreprises de payer des indemnités aux salariés à leur départ de l'entreprise, en cas de décès, de licenciement ou de départ à la retraite.

Ces indemnités se calculent en fonction des années de présence dans l'entreprise, et du salaire moyen des derniers mois d'activité qui ont précédé le licenciement, la mise à la retraite ou le décès du salarié.

Soit l'entreprise attend le départ de chaque salarié pour trouver l'argent nécessaire au paiement des indemnités, avec tout ce que cela peut avoir comme conséquences en termes de trésorerie, soit elle constitue des provisions.

Pour une gestion efficace de ces provisions et leur détermination exacte, l'entreprise peut souscrire à un contrat IFC auprès d'un assureur qui, à l'aide d'une méthode actuarielle, peut déterminer le montant optimal de cotisations à payer par l'entreprise année après année pour s'assurer qu'à tout moment, elle est capable de faire face aux paiements des indemnités de départ des salariés.

Quelques avantages de la gestion des IFC par une compagnie d'assurance :

- La gestion externalisée chez un assureur garantit à l'entreprise la disponibilité des sommes dues au départ d'un salarié. Les cotisations payées à l'assureur tout au long de la vie de l'entreprise année après année sortent de la gestion normale des activités propres de l'entreprise.

- Les sommes placées auprès des compagnies d'assurance au titre de l'IFC viennent en déduction des bénéfices imposables des entreprises. Cette incitation fiscale a été mise en place dans la plupart des pays de la zone.
- L'entreprise prévoit et est ainsi à l'abri des difficultés de trésorerie, car au départ du collaborateur, c'est la compagnie d'assurance qui lui verse ses indemnités. Précisons aussi que les indemnités versées par un assureur bénéficient des avantages liés aux prestations d'assurance.
- Une meilleure appréciation de la valeur de l'entreprise, car une entreprise qui gère efficacement sa dette sociale n'a pas la même valeur qu'une autre qui soit ne l'a pas encore évaluée, soit l'a évaluée, mais ne prévoit rien pour y faire face.

La deuxième raison pour laquelle une entreprise souscrit à une assurance vie au profit des salariés est d'ordre fiscal.

Les entreprises sont très sensibles aux changements fiscaux. Ainsi, si l'État veut mobiliser davantage de ressources auprès des entreprises, il doit permettre à ces dernières d'avoir des gains substantiels en optant pour des politiques sociales ambitieuses à travers des solutions assurantielles pour les salariés.

La déductibilité fiscale des cotisations versées par les entreprises à des compagnies d'assurance favorise la mise en place de ces solutions pour les salariés. Aussi, ces montants mobilisés par les assureurs sont réinjectés dans l'économie sous diverses formes (obligations d'État, financement des entreprises, dépôt à terme auprès des banques, investissements immobiliers…).

Exemple :

En Côte d'Ivoire, depuis la mise en place de la déductibilité des primes payées au titre des contrats indemnités de fin de carrière au début des années 2000, ce sont plusieurs milliards que les assureurs ont mobilisés et continuent de mobiliser pour investir dans l'économie. Pour ce livre, nous n'avons pas pu obtenir le chiffre global du marché. Cependant une seule compagnie d'assurance sur les 11 compagnies d'assurance vie en Côte d'Ivoire dit mobiliser environ 4 milliards de francs CFA chaque année et plus de 50 milliards de francs CFA d'actifs gérés uniquement sur les contrats IFC.

La troisième raison pour laquelle une entreprise souscrit à une assurance vie au profit des salariés est liée à la gestion de sa trésorerie.

En souscrivant des contrats d'assurance, une entreprise sait d'avance ce qu'elle doit payer et par conséquent, peut mieux gérer sa trésorerie et ne pas s'exposer à des sorties financières importantes imprévues ou pas suffisamment anticipées.

Il arrive souvent que pendant les phases de fort développement d'une entreprise, plusieurs collaborateurs soient recrutés dans la même tranche d'âge. L'entreprise peut ainsi s'exposer à des difficultés de trésorerie si elle n'a pas souscrit à un contrat d'assurance pour faire face aux paiements des indemnités de départ à la retraite les années au cours desquelles, plusieurs salariés partent à la retraite.

La pire situation est le cas où l'entreprise est en cessation d'activité et se retrouve dans l'incapacité totale de payer les droits des salariés.

La quatrième raison est liée à la survie de certaines entreprises à travers la souscription des contrats « homme clé », ou les assurances décès croisées pour protéger les associés.

4. Les assurances homme clé

Une assurance homme clé permet de compenser les conséquences financières de la disparition d'une personne essentielle à l'activité d'une entreprise (dirigeant, salarié avec compétence unique…). Cela peut concerner son décès ou son invalidité. Pour l'entreprise qui souscrit un tel contrat sur la tête d'un salarié (l'homme clé), l'objectif est de disposer d'un capital en cas de décès ou d'invalidité de cet « homme clé ». Ce capital payé par l'assureur peut permettre de garantir la suite de l'exploitation de la société.

5. Assurance décès croisée

La garantie croisée entre associés est une assurance indispensable, car elle permet aux associés survivants de racheter les parts d'un associé décédé. Le décès d'un associé peut entraîner la liquidation d'une entreprise si les héritiers de l'associé décédé ne souhaitent pas poursuivre le projet et si les associés survivants ne disposent pas de ressources au moment du décès pour racheter les parts du défunt.

6. Quelques idées pour doper la collecte de l'épargne dans la zone CIMA

- Exonération d'impôt des bonus et primes de bilan à condition de les bloquer au moins 5 ans chez un assureur.

Chaque année, certaines entreprises versent des bonus et des primes de bilan aux salariés. Ces montants font généralement l'objet de la même taxation que les salaires. Pour inciter les salariés à épargner ces montants, par exemple sur 5 ans, l'État peut décider qu'au-delà de 5 ans, ces derniers ne seront plus taxés. Le salarié qui a patienté au moins 5 ans pourrait ainsi se retrouver avec un montant plus important en plus des revenus générés par ce placement chez un assureur. Les sommes ainsi collectées par l'assureur feront l'objet de placements en obligations d'État.

- Rendre obligatoire la mise en place d'une retraite complémentaire dans les entreprises (avec une part employée et une part employeur). C'est déjà le cas dans certaines conventions collectives (ex. : Convention collective des banques, assurances et établissements financiers au Togo), avec une déductibilité des primes payées.

Aujourd'hui, dans l'espace CIMA, les seuls systèmes de retraite sont ceux gérés par les caisses de prévoyance. Selon les pays, c'est soit la CNPS (Caisse Nationale de Prévoyance Sociale), soit la CNSS (Caisse Nationale de Sécurité Sociale), soit l'INPS (Institut National de Prévoyance Sociale). Ces organismes gèrent la retraite de base, avec des taux de remplacement (taux appliqué à une moyenne des derniers revenus d'activité) qui dépassent rarement les 50 % et une moyenne des derniers salaires souvent plafonnée.

Pour permettre aux salariés concernés d'avoir des conditions de retraite un peu plus confortables, pas trop éloignées de celles qu'ils avaient lorsqu'ils étaient en activité, il est indispensable de mettre en place une retraite complémentaire obligatoire. Cela existe déjà dans certaines conventions collectives sectorielles.

Par exemple, la Convention collective des banques et établissements financiers au Togo oblige les employeurs à mettre en place une retraite complémentaire alimentée par 20 % du salaire, dont 5 % à la charge de l'employé et 15 % à la charge de l'employeur.

Ce régime permet de donner un complément de revenu significatif aux salariés retraités, mais également, de mobiliser des ressources investies dans des obligations d'État et autres supports de placements, permettant ainsi de financer le développement économique.

Ce genre de retraite complémentaire pourrait être étendu à tous les secteurs d'activité et permettrait de mobiliser des ressources importantes.

- Mettre en place, pour les travailleurs indépendants, des incitations fiscales pour l'adhésion à des fonds de retraite.

Aujourd'hui, de nombreux travailleurs indépendants ne cotisent pas dans les organismes de prévoyance sociale et donc ne participent pas à l'effort de mobilisation de l'épargne interne, indispensable au développement. Des incitations pourraient être trouvées pour les amener à le faire, à l'image de la fiscalité particulière en France, qui porte le nom de l'ancien Premier ministre Madelin. Il s'agit d'introduire une déductibilité des cotisations de retraite des TNS (travailleurs non salariés) de leurs revenus imposables.

- Mettre en place des régimes de retraite sectoriels (agriculteurs, commerçants, artisans…) et trouver des mesures incitatives selon les secteurs.

On peut aussi imaginer des régimes de retraite par secteurs d'activité homogènes, par exemple, un régime de retraite des planteurs alimenté par un système de prélèvement sur les ventes réalisées. Cette population de plusieurs millions de personnes ne cotise pas pour la retraite et donc très souvent ne compte que sur la solidarité intergénérationnelle pour vivre lorsqu'elle n'est plus en activité.

- En Côte d'Ivoire, le CCC (Conseil du Café-Cacao) a fait un recensement en 2019 qui a permis d'identifier plus de 990 000 planteurs. Si une caisse de retraite était mise en place et qu'une cotisation ou un prélèvement d'au moins 100 000 FCFA annuel était fait pour chaque planteur, cela génèrerait environ 99 000 000 000 de FCFA annuellement.

- Au Sénégal, on estime à plus de 350 000 les familles d'éleveurs. Au Mali, c'est plus de 800 000 familles. On compte certainement la même population d'éleveurs, sinon plus, au Burkina, au Tchad, et au Niger. On parle ainsi de millions de personnes qui ne concourent pas à la mobilisation de l'épargne interne des pays pour participer au développement économique, mais également qui sont en dehors d'un système de protection sociale.

- Imaginez si dans tous ces pays sont mises en place des politiques volontaires de système de retraite pour collecter l'épargne de ces populations. Cela permettrait de les protéger, et les capitaux mobilisés pourraient servir au développement économique des États.

- Nos pays africains se caractérisent par des millions d'associations (professionnelles, régionales...). Ces associations ont pour la plupart en objet la solidarité entre les membres, notamment en cas de décès. Cependant, la taille de ces associations ne permet pas toujours une mutualisation suffisante pour leur pérennité et des niveaux d'intervention significatifs. Une bonne utilisation des assurances de prévoyance collective permettrait de garantir les prestations de ces associations, puisque la taille des portefeuilles des assureurs permet une plus grande mutualisation.

Conclusion générale

En conclusion, l'assurance vie émerge comme un instrument financier polyvalent, s'étendant au-delà de son rôle traditionnel. Dans son aspect d'outil d'épargne, elle offre une plateforme d'investissements stables, favorisant la constitution d'un capital à long terme. En tant qu'outil de prévoyance, l'assurance vie s'étend au-delà de l'individu pour englober les dynamiques familiales et les aspirations associatives.

Le rôle crucial de l'assurance vie dans le développement économique se manifeste à travers sa capacité à mobiliser des ressources internes, réduisant ainsi la dépendance du financement extérieur. La notation financière et les conditions d'endettement sont directement influencées par cette mobilisation, soulignant l'importance stratégique de l'épargne interne. Toutefois, l'impact de la fiscalité ne peut être sous-estimé, nécessitant une approche équilibrée pour optimiser la mobilisation de cette épargne interne, avec une collaboration active entre assureurs, collecteurs d'épargne, et investisseurs institutionnels.

La transmission de patrimoine à travers l'assurance vie prend une dimension significative, offrant une planification successorale efficace et minimisant les implications fiscales. Dans le contexte des entreprises africaines, l'assurance vie devient un partenaire stratégique, influençant la gestion du capital humain, l'optimisation fiscale, la gestion de trésorerie et même la survie à long terme des entreprises.

En somme, l'assurance vie s'avère être bien plus qu'un mécanisme de protection individuelle ; elle se profile comme un levier puissant pour la croissance économique, la préservation patrimoniale et la pérennité des entreprises. En saisissant les opportunités qu'elle offre dans ces multiples dimensions, les individus, les familles, les associations et les entreprises peuvent tisser un avenir financier robuste et résilient. C'est dans cette vision intégrée que l'assurance vie se positionne comme un acteur clé dans la construction d'une stabilité financière à long terme.

Postface

Nous sommes dans le noir. Ce noir que nous affrontons pour certains avec nos convictions religieuses. Mais anticiper n'est-il pas l'apanage de l'être humain ? La logique, l'expérience et la sagesse ne devraient-elles pas nous guider ?

L'assurance vie incarne la prévoyance et la préparation réfléchie d'un avenir serein. Elle représente également un levier essentiel pour le développement économique d'un pays. En épargnant dès aujourd'hui, vous bâtissez un capital qui peut répondre à vos besoins immédiats, soutenir votre famille ou financer vos projets les plus précieux. Véritable lien entre le présent et l'avenir, l'assurance vie combine protection de vos proches et réalisation de vos ambitions personnelles.

Flexible et adaptée à vos aspirations, l'assurance vie répond à divers objectifs : constituer une épargne, anticiper les imprévus, transmettre un patrimoine, ou simplement garantir une tranquillité financière. C'est un outil intergénérationnel, offrant une solution efficace pour préserver et léguer votre patrimoine tout en bénéficiant d'un cadre fiscal favorable. Elle représente ainsi un choix éclairé pour construire un avenir sûr et pérenne.

Sur le plan macroéconomique, l'assurance vie joue un rôle stratégique dans le financement des États en mobilisant l'épargne des citoyens vers des investissements à long terme. Les fonds collectés par les assureurs sont souvent investis dans des obligations souveraines, contribuant ainsi à financer des infrastructures publiques, des projets sociaux et la gestion de la dette nationale. Grâce à sa stabilité et à son volume, l'assurance vie est une source fiable de financement, offrant aux États les moyens d'assurer leur développement tout en renforçant la confiance des épargnants dans l'économie.

À travers les pages du livre de Constant Yao DJEKET, vous découvrirez comme moi comment ce mécanisme financier peut transformer des rêves en réalités et des incertitudes en sérénité.

En tant que ministre en charge du Commerce, de l'Artisanat et de la Consommation locale, j'ai pris conscience de l'importance de l'assurance vie, qui représente une réelle opportunité pour les commerçants, les artisans et autres acteurs du secteur privé. Cette solution leur offre une protection financière adaptée à leurs besoins spécifiques. Ces professionnels, souvent exclus des dispositifs traditionnels de protection sociale, se trouvent particulièrement exposés aux imprévus tels que les accidents, les maladies ou encore les décès.

Ainsi, j'invite les opérateurs économiques, industriels, commerçants, artisans, quelle que soit la taille de leur entreprise, à souscrire une assurance vie qui permet non seulement de protéger leurs proches, mais aussi de garantir la pérennité de leurs activités en cas de coup dur.

Dans les pages de ce livre, on découvre que choisir de souscrire à une police d'assurance vie, c'est opter pour agir aujourd'hui pour un avenir lumineux. C'est donner un sens à votre épargne et investir dans ce qui compte le plus : la tranquillité d'esprit et la pérennité de ce que vous construisez.

Ce texte, que j'ai eu plaisir à lire, facilite la compréhension de ces concepts sophistiqués de l'assurance vie et permet, pas à pas, de comprendre les avantages de l'assurance vie, à savoir, bâtir un avenir « imperturbable » et saisir des opportunités uniques. Simple, facile à lire avec des exemples qui vous permettent de toucher du doigt une réalité soit que vous avez certainement vécue vous-même, soit qu'a vécue l'un de vos proches, ce livre, pratique et inspirant, vous donnera certainement les clés pour investir en toute confiance et vous prémunir des aléas du quotidien. Prenez votre postérité en main dès aujourd'hui !

Constant,

Avec admiration, je tiens à saluer ton parcours empreint d'engagement et de conviction. Chaque étape franchie et tous les sacrifices faits pour écrire cette belle œuvre sur l'assurance vie témoignent d'une détermination sans faille et d'une volonté de faire une différence et de partager ce trésor que tu détiens.

Tes choix courageux, tes actions inspirantes et ton dévouement sont un exemple pour tous. Continue de tracer ce chemin avec passion et impact, car ton parcours illumine bien plus qu'un simple trajet : il ouvre des voies pour les autres.

Bravo et mention spéciale pour ton engagement exceptionnel ! Merci de nous faire réaliser qu'investir dans l'assurance vie, c'est faire le choix de croire en l'avenir avec clairvoyance et sécurité.

Rose Kayi MIVEDOR-SAMBIANI

Ministre du Commerce, de l'Artisanat
et de la Consommation locale du Togo

Table des matières

Structures éditoriales du groupe L'Harmattan

L'Harmattan Italie
Via degli Artisti, 15
10124 Torino
harmattan.italia@gmail.com

L'Harmattan Hongrie
Kossuth l. u. 14-16.
1053 Budapest
harmattan@harmattan.hu

L'Harmattan Sénégal
10 VDN SICAP AMITIE 3
BP 45034 Dakar-Fann
direction@senharmattan.com

L'Harmattan Cameroun
Tsinga/Derrière polyclinique FECAFOOT
BP 11486 Yaoundé
Jacques.koukam@harmattan.fr

L'Harmattan Burkina Faso
Villa 281, secteur 23 623, rue 14.32
Ouagadougou
zagbie@outlook.fr

L'Harmattan Guinée
Almamya, rue KA 028 OKB Agency
BP 3470 Conakry
harmattanguinee@yahoo.fr

L'Harmattan RDC
185, avenue Nyangwe
Commune de Lingwala - Kinshasa
matangilamusadila@yahoo.fr

L'Harmattan Congo
219, avenue Nelson Mandela
BP 2874 Brazzaville
deunovmikhael@gmail.com

L'Harmattan Mali
Immeuble Mgr Jean Marie Cissé
Aci Hamadallaye
BP 145 Bamako
syllaka@yahoo.fr

L'Harmattan Togo
Djidjole - Maison Amela
face EPP BATOME
02 BP 20680 Lomé
didieramela11@gmail.com

L'Harmattan Côte d'Ivoire
Résidence Karl - Cité des Arts
Abidjan-Cocody
03 BP 1588 Abidjan
harmattan.ivoire@gmail.com

L'Harmattan Bénin
Rue 604, (Immeuble à l'entrée
de la rue UCAO- Cite de Saint-Jean)
Cotonou
stepcorpus@gmail.com

Nos librairies en France

Librairie internationale
16, rue des Écoles
75005 Paris
librairie.internationale@harmattan.fr
01 40 46 79 11
www.librairieharmattan.com

Librairie des savoirs
21, rue des Écoles
75005 Paris
librairie.sh@harmattan.fr
01 46 34 13 71
www.librairieharmattansh.com

www.ingramcontent.com/pod-product-compliance
Lightning Source LLC
LaVergne TN
LVHW010933061026
849535LV00007B/2370
* 9 7 8 2 3 3 6 5 2 3 2 0 0 *